ASUKA CRUISE

JN077802

CRUISE Traveller

Contents

Special Feature

7 クルーズ、未来の年表。
The future of cruising to expand your dreams

10 それぞれの夢、それぞれの思い。
12 Top Interview 両備ホールディングス代表取締役会長兼CEO 小嶋光信
16 客船評論家ダグラス・ワードに聞く
18 2021 2021年にデビューの新造船
22 2022 2022年にデビュー予定の新造船
26 新造船ワールドナビゲーター
30 Interview with MSCクルーズ
32 2023-2024 2023～2024年にデビュー予定の新造船
34 Interview with リージェントセブンシーズクルーズ&オーシャニアクルーズ

36 2025 飛鳥ラグジュアリーを体現する新造客船“A3プロジェクト”
郵船クルーズ 河村洋執行役員・歳森幸恵新造船準備室長

48 飛鳥30周年を祝うアニバーサリークルーズ

52 運航再開! 安心に楽しむAMAのリバークルーズ
56 みなとの風景 天保山
60 未来のみなと これから注目の客船ターミナル
64 上田寿美子が語る日本のクルーズ

66 Since 1998
ぱしふぃっくびいなす“ふれんどしっぷ”の変わらぬ魅力

70 Since 1884
にっぽん丸 引き継がれし美食

80 Interview 商船三井客船代表取締役 山口直彦

82 日本客船&外国客船日本発着クルーズスケジュール

Special Page
新時代を切り開くノルウェージャンプリマ

Series

1 飛鳥のいる風景 中村庸夫
4 にっぽん丸 船首千景物語 中村風詩人
86 七つの海から 上田寿美子
89 横浜はじめて物語 北原照久

CRUISE Traveller Salon

91 Wellness
92 Ecomonics
93 Opinion
94 People
95 News & Topics
99 rui+tonami

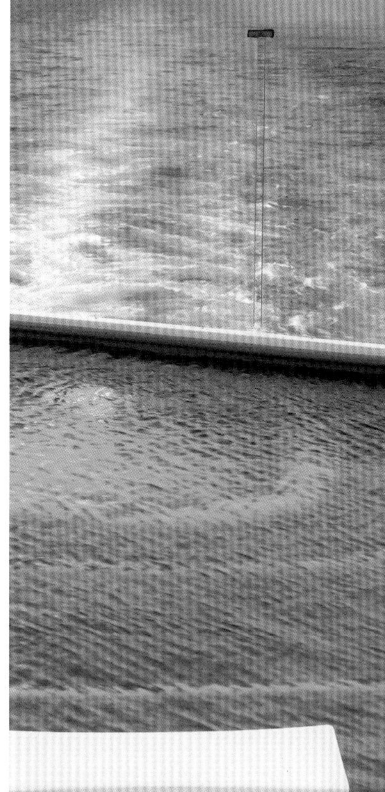

Cover
2025年完成予定の
飛鳥クルーズ
新造客船

photo by NYKC
design by Kenji Inukai

photo by MSC Cruises

自然のあるべき姿

環境問題に頭を抱える現代人に無人島は多くのことを教えてくれる希有な存在だ。人は良い土地を見つけると、自分たちが住みやすいように環境を変えてきた。その結果、行き場をなくした生物は片隅に追いやられ、ある者はその姿を消した。無人島は、人間という天敵がいないが故に、ただ自然にあるべくしてその環境を保っているのだ。

この日、にっぽん丸は伊豆七島の最南端よりももっと南にある鳥島を回遊した。望遠鏡を手に取ると断崖の岩肌、まばらな草原、今にも崩れそうな白砂の壁が目に入った。その空中では2メートルはあろうかという翼を広げたアホウドリが数十羽飛び回っていた。デッキから見た太古の島の姿ひとつひとつが、何か私たちに訴えかけている気がした。

Vol.23

にっぽん丸
船首千景物語

photo & text by
Kazashito Nakamura

中村風詩人(なかむら・かざしと) | 1983年生まれ、海をライフワークとする写真家。世界一周クルーズをはじめ、南太平洋一周、アジア一周など長期乗船も多い。船上では写真講演や寄港地でのフォトツアーなども行う。代表作は、7つの海を水平線でひとつにした写真集『ONE OCEAN』(クルーズトラベラーカンパニー発行)、近著に『小笠原のすべて』(JTBパブリッシング発行)。

想像が現実になる、

これからの未来にどんな客船がデビューしてほしいですか？2025年には日本でも飛鳥クルーズの新造客船が予定されている。さらなる施設やサービスの進化、環境への対応など、客船の未来像を考えてみよう。世界のクルーズラインが温めている建造計画を紹介していく。

クルーズのこれから。

The future of cruising to e dreams

クルーズ、未来

xpand your

の年表。

クルーズと客船の未来について、

それぞれの夢、それぞれの思い。

クルーズのオーソリティーや客船に関わる人々が語った、
クルーズと客船のこれから、未来についての思い。今号のテキストの中から印象的なものをピックアップ。

今後も、クルーズが心の支えになることは間違いありません。私は1965
境や自然を楽しむことのできる洋上での生活が大好きです。常に変化し

お客様へ感動をお伝えするだけでなく、もう一つ重要視していることがあります。それは、飛鳥と
しいという思いです。 ——— 郵船クルーズ執行役員／河村洋

上質を求めるお客様にはゲストではなく船のオーナーとして感じ

一昔前の豪華絢爛なラグジュアリーから、落ち着いた空間で
テナビリティーを意識した行動様式がラグジュアリーという考え

現代の乗客が求めているのは、もはやあ
「飛鳥」とのブランドのつながりを感じさせる
体験を求めています。 ——— 飛鳥新造客船（A3）

ラグジュアリーブランドは、トレンドを見据えて新造船のデザインを進めていくわけですが、富裕層が何を
——— リージェント

イノベーションはゲストの、有意義な時間を実現するために、客船を
ゼロからデザインしました。 ——— ノルウェージャンクルーズ代表／ハリー・サマー

（飛鳥の新造客船に）貴重なスペースをつぶしてLNGのタンクを積んだというのはある意味革新的、
環境に対応した客船に対応した客船にしようとした心意気の現れでもあります。
——— 郵船クルーズ 新造船準備室長／歳森幸恵

（新ブランド「エクスプローラジャーニーズ」について）このプロジェクトは海運の見識に優れたMSCクルーズオーナーのアポンテファミリーにとって大きな夢で、長期的なビジョンとともに生まれました。ラグジュアリートラベルを再定義し、クルーズ市場に新しい世界を広げるものです。

——— MSCクルーズ日本支社長／オリビエロ・モレリ

年7月以来、世界中のクルーズ客船に乗船してきましたが、変わりゆく環
続けるこの世界で。 ——— クルーズ評論家／ダグラス・ワード

いう船が「人・もの・こと」が出会い、つながり、結ばれ、新しい価値観が創造される場であってほ

てもらうことを重視した。 ——— ノルウェージャンプリマ ザ・ヘブンデザイナー／ピエロ・リッソーニ

個々の命の洗濯を追求できるのもラグジュアリーという風潮、サス
方もあります。 ——— 商船三井客船代表取締役社長／山口直彦

りきたりのクルーズではないと思います。
旅、より豊かな人生を目指すことができる

デザイン担当 SMCデザイン／アンディ・ユイル

望んでいるのかを常にリサーチし、次の時代がどのようになっていくか考えていくことが必要ですね。

セブンシーズクルーズ・オーシャニアクルーズ SVP& マネージングディレクター・アジア太平洋／スティーブ・オデル

計画では1万トンクラスの外航客船としています。瀬戸内はもとより、日本各地の歴史的な港をめぐり、歴史や文化、土地の方々とのふれあいを楽しむには最適なサイズではないでしょうか。（中略）船内ではエンターテインメントよりはゆっくり、ゆったりの上質な時間を追求する船にしたい。

——— 両備ホールディングス代表取締役会長／小嶋光信

真のスモール
ラグジュアリーシップ
夢のつづきを あらためて 訊く

Top Interview with Mitsunobu Kojima

小嶋光信

両備ホールディングス代表取締役会長兼CEO

4年前に構想が発表された『海の七つ星プロジェクト』。
それは、世界に誇るブティッククラスの客船を建造し、
瀬戸内から日本各地、
そして世界一周をも目指すという浪漫あふれる物語。
近未来の客船を展望する今号のプレリュードとして、
プロジェクトを牽引する両備ホールディングス・小嶋光信会長を訪ね、
その物語に込めた思いを、今あらためて聞いてみた。

インタビュー／茂木政次 interview by Masatsugu Mogi　写真／丹治たく photo by Taku Tanji

※取材時のみマスクを外しております。

1_御座船・安宅丸の原型となる船の模型が保存されていた岡山県下津井地区。
2_有名な蛸漁を軸にいまでも漁業の拠点として賑わう同地区。
3_港より一歩入った道には江戸時代の面影が色濃く残る。

1

2

3

海外での クルーズ体験は 革命的な出来事

――かねてより『海の七つ星プロジェクト』の動向には注目をしておりましたが、そもそもクルーズ事業に着目したきっかけを教えてください。

30代の頃にニューヨークからバハマクルーズに参加しました。1泊あたりにして100ドル前後の乗船運賃にもかかわらず部屋も広く快適で、食事もちゃんとした料理が提供される。当社も古くから旅客船事業に携わっていますが、経費を積み上げていく従来の手法ではとうてい1泊100ドルという運賃を提示できない。なぜ可能なのか？ それはカジノを中心とした別の収益で事業全体を成り立たせている仕組みがあるからです。これには驚きました、私にとっては革命的な出来事です。もう一つ、心に残ったことがありました。ある日、私がデッキでくつろいでいたときのこと。隣にご夫婦がいらっしゃいました。ご主人が読むともなく何かの小説をめくっている。そして奥様がご主人の横顔を嬉しそうに眺めているのです。それが1時間、2時間。日本人の感覚では少し理解ができない光景ではありましたが、船上では全く違和感がない。この二人に限らず、カジノ、ダンスとご夫婦で楽しむスタイル。当時の日本では旅先でも団体行動か同性同士で集うのが一般的でしたので、物事に対する考え方の違いを痛烈に感じ、また大変興味を持ちました。このバハマクルーズでの体験から、いつか自分の船を作って日本一周ができたらよいなあ、洋上であのような世界観が演出できたらよいなあと考えるようになりました。それがクルーズ事業に対する私の夢の原点です。

海のパビリオンとして、帆をはじめ丁寧に復元された「安宅丸」。

お客様 第一の視点と こだわりで

――小嶋会長は既にいくつかの旅客船を手掛けたと聞いています。少し具体的にお聞かせください。

最初に手掛けたのが、岡山と小豆島を結ぶ高速艇「クイーンオリーブ」でした。当時は目的地まで運ぶというスタイルが主流で船内は100ホーン近くの騒音、とても会話を楽しむという環境ではなかったのです。私は1時間でもクルーズを楽しめる船を作りたかった。そこで、鉛の板で機関室を覆う、エンジンマウントにゴムのクッションを用いるなど独自に研究を進め、最終的には80ホーンまで騒音を低減、船旅を楽しんでいただける環境を実現したのです。当社は昭和3年からの旅客船で育ってきた歴史があります。騒音以外にもガラスを多用して景色を楽しめるようにするなど、顧客重視の視点は大切にしています。ユニークなところでは昭和62年に就航した御座船「安宅丸」があります。これは瀬戸大橋架橋記念博覧会の開催に合わせて海のパビリオンとして建造しました。岡山県として歴史的に意味のある企画をと考えていたところ、池田光政公が幕府の御座船にも劣らない船を所有していたことがわかりました。さらに御座船の模型が下津井の神社

1

2

3

にあることも判明し、復元に着手したのです。企画を進めていくと課題もありました。帆船ですから帆がデザイン上のポイントになります。しかし、エンジンで動かす船ゆえに帆は後ろにたわみ、風に乗って動いているように見えない。そこでひと工夫。ステンレス製のフレームを立て、風が通るメッシュ状の帆をかぶせることで船が風で動いている雰囲気を再現。さらに船内には能舞台も用意するなどの演出も奏功し、500人定員の船が365日満員となりました。

広がる好奇心は
14世紀の
大航海にも

――中国政府からの依頼で木造船復元プロジェクトにも参画したと聞きましたが。

安宅丸は海外でもニュースになり、目にとめた中国福建省政府からの協力依頼がありました。聞くと、明の永楽帝の時代に南海大航海を指揮した三保太監・鄭和が建造させたという大型船を復元したいとのこと。当時の技術では100mを超える船の建造は難しいと考えられており、誇張した伝説の話とされていたのですが、その船のものと思われる船底や14mの舵が発見されたことから一気に復元の話が進んだのです。その依頼を受けて岡山県牛窓地区の船大工と日本の古船復元を研究している学者に相談したところ、明の時代にはすでに木造ながら現代に通じるブロック工法があり、大型船の建造は可能であることがわかりました。そこから、日本側と中国の造船所が協力して、少し小振りとはなりました43mのサイズで鄭和の船を復元したのです。完成後、実際の航海にも「船員」として泉州から沖縄まで、うねりの中を大航海してきました。これはいい思い出です。私はこの復元を通じて、日本の造船技術の高さを再認識しましたし、海と船への思いをますます高めた、そんなプロジェクトでした。

鄭和の帆船。復元には牛窓の船大工と古船の研究が生かされた。

水戸岡鋭治氏との
出会い、
そして夢は海の七つ星へ

――『海の七つ星プロジェクト』の計画書には「水戸岡デザインによるヨット型客船を目指す」とあります。その背景を教えてください。

同じ岡山県人として長年の知人でもあり、デザイン顧問としては平成14年に営業運転を始めた岡山電気軌道の路面電車車両「MOMO」、船では平成17年就航の「おりんぴあどりーむ」、さらに「たま駅長」で有名な和歌山電鉄の車両などグループ全体で多くの車両や駅舎などをデザインいただいています。さて、これは私が彼に脱帽した話なのですが、あるとき、水戸岡さんから「今度ＪＲ九州で豪華列車

1_オリーブ園から牛窓の海を遠望する。右奥にはヨットハーバーも。
2_どことなく地中海の港町を想起させる穏やかな港町、牛窓。
3_高台の真光院からも瀬戸内海が。海が生活の基盤であることが伺える。

を作る」という話を聞きました。私は即座に高額な列車の旅など売れないと反論したのですが、その結果はご存じの通りです。時代はマスからニッチ、本当に好きなもの、興味のあるものなら高額であっても消費者は選択するのです。私の「読み」は完全に外れました。その謝意も込めて(笑)、今度は「海の七つ星」をやろうと提案しました。元々、水戸岡さんは船舶からデザインを始めているので、すぐに意気投合、プロジェクトがスタートしました。

課題を乗り越え夢を具体化する

——プロジェクトについて、もう少しお聞かせください。

計画では1万トンクラスの外航客船としています。瀬戸内はもとより、日本各地の歴史的な港を巡り、歴史や文化、土地の方々との触れ合いを楽しむには最適なサイズではないでしょうか。また、日本にはブティッククラスの船がありません。そこもマーケティング的には重要なポイントです。船内ではエンターテインメントよりはゆっくり、ゆったりの上質な時間を追求する船にしたい。私は以前、地中海でシードリームに乗船しました。実証実験ではないですが5日間はあえてキャビンにこもっていました。そういうスタイルでもゲストが楽しめる船とはどんな船か？　いろいろ構想を練っているところです。少し残念な話ですが、日本での建造は難しいかもしれません。小型客船の建造ノウハウやコストについては海外の造船所が長けている点が散見され、現在は海外建造を視野に検討を進めています。第一船はヨーロッパの経験を有した造船所に委託することになるかもしれませんが、私の考えでは同サイズの船が3つから5つの需要はあるとみていますので、当社がノウハウを蓄積して、いずれは日本で建造したいとも考えています。いずれにしても、近い将来、クルーズファンの皆様に新しいブティッククラスの客船をお見せできるよう努力しておりますので、楽しみにしていてください。

日本のクルーズファンに新しい夢を——

Top Interview with Mitsunobu Kojima

Profile
小嶋光信

こじま みつのぶ／実業家。大学卒業後に三井銀行入行、様々な経営の現場に立ち会う。1973年に両備グループに。バス、鉄道、フェリーと多岐にわたるグループ会社の経営を担う。

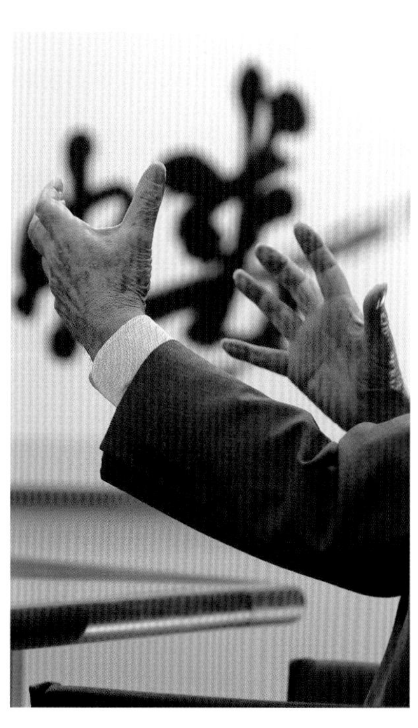

客船評論家
ダグラス・ワードに聞く

Interview with Douglas Ward

edit by Nami Shimazu, photo by Takahiro Motonami, Douglas Ward

未来のクルーズはどうなる？

2021年には運航を再開するクルーズ会社も増え
英国在住の客船評論家、ダグラス・ワード氏も
ヨーロッパ中心にクルーズ乗船を行っている。
1965年からクルーズに携わるワード氏が
クルーズの最新事情と未来への期待を語った。

2022年以降の新造船について

2022年世界最大のクルーズ客船はロイヤルカリビアンインターナショナルの新造船「ワンダーオブザシーズ」になります。現在の世界最大の船よりも長く、多くの乗客を運ぶことができます。全長362m、全幅64m、総トン数236,857トン。また、同じく2022年にデビューするレジリエントレディは、デザインとコンセプトが非常に斬新な、ヴァージングループの創業者リチャード・ブランソン氏が手がけるヴァージンボヤージュ社にとって3隻目の船となります。1隻目スカーレットレディと2隻目バリアントレディの姉妹船で、他の同じサイズの客船、より大型の客船とは多少異なり、特に若い層をひきつけるように設計され、装備されています。

少し先に2025年には飛鳥の新造客船（船名未定）が予定していますが、私は、この新造客船がコロナ禍以降の時代にデビューするのは、まさに絶好のタイミングだと考えています。この船は、最新のエンジンや機械技術、関連機器、造船技術の恩恵を受けられるだけでなく、全ての乗客エリアに最新の艤装品や機能性を導入することができます。クルーズの世界は大きく変化しており、最新のテクノロジーを搭載した船は、最新の規制や運用要件、特に効率性に対応することができます。同船は世界の最新の海事ルールに対応しています。

2030年のクルーズはどう変わっていますか？

外航客船は変わっていきますが、リバークルーズ船はあまり変わらないでしょう。というのも、リバークルーズ船は、各河川や河川管理局の特定の要件に合わせて建造する必要があるからです。一方、外航客船は、世界のどの地域で運航するにしても、最新の安全性や運航効率、法的要件に準拠して、建造する必要があります。海や川など、あらゆる形態のクルーズが人気を集め続けているのは、一つの「ワンサイズ・パッケージ」に全ての要素が含まれているからであり、その中にはさまざまな形態のライブミュージックやエンターテインメントも含まれています。これからの旅は、よりパーソナルなものになるか、より均質なものになるかのどちらかだと思います。クルーズ業界が今後直面するであろう最大の課題の一つは、長期的に安定した雇用を求める、単一言語または複数言語を話すオフィサーやサービスクルーの調達とトレーニングでしょう。

特定のマーケットや言語に合わせて作られたクルーズ船は、いつの時代にも、その市場のニーズや期待を満たすことができるでしょう。しかし船のデザインは進化し続けており、設計者や製造者の想像力が求められています。当然のことながら、最新の規制や運航体制に合わせて船の設計が変わるため、最新の船の設計を導入するためのスケジュールを考えると、あ

Profile

ダグラス・ワード

世界の客船ガイド『CRUISING & CRUISE SHIPS』を発行する客船評論家。最新刊『RIVER CRUISING INEUROPA & THE USA』

新感覚の客船スカーレットレディは、エンターテインメントも充実。

現代風のインテリアが特徴のスカーレットレディのレストランの一つ。

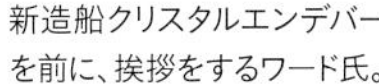

新造船クリスタルエンデバーを前に、挨拶をするワード氏。

クリスタルエンデバーのラウンジにて。

英国発着クルーズに乗船したクイーンエリザベスで。

艦船対策を取っているクイーンエリザベスのシアター。

る年に設計・コスト計算された船が実際に建造され、艤装され、運航できるようになるのは、少なくとも3年先になります。

これからの、未来のクルーズに期待することは？

年齢的な問題もありますが、私自身は大きな船よりも小さな船のほうが快適だと感じていますし、これはシニア世代になった多くの人に当てはまることだと思います。また、私は自分の周りにゆったりした空間があることが好きです。特に生活環境、つまり宿泊スペースですね。とはいえ、私がどの船を選ぶかは、世界のどの地域をクルーズするか、自分のニーズを満たすサイズの船を選ぶかにかかっています。しかし、私は大型のリゾート客船でのクルーズも楽しんでいます。それは、様々なパブリックルーム、さまざまなエンターテイメント、食事の選択肢があるからです。求める設備や機能は、船の大きさ、その船が就航する市場や地域、そしてもちろんクルーズ会社が販売する言語によって異なります。そうは言っても、個人的には、「一人一人のサイズに合わせた」モデルの船が復活してほしいと思っています。最近の若い人は電子機器やコンピュータで制御された環境に慣れ親しんでいますが、マニュアルや画面技術に頼らず、わかりやすく使いやすい船固有の機能をもっと体験したいと思う人も多くいます。実際、現在のようなスマートスクリーンやタッチ式の自動化ではなく、パーソナルなサービスの復活を望んでいる人はまだまだ多いでしょう。

バスルームについては、月に人を送ることはできても、なぜシャワーを浴びるとバスルームの鏡が曇ってしまうのか。新しい船の仕様では、バスルームの鏡にミスト防止剤を塗ることが義務付けられているはずです。一方、私の妻は、メイクアップ用の鏡や、髪の毛の後ろが見えるような折り畳み式の鏡をいつも求めています。バスタブの復活はどうだろう。最近の船にはほとんどなく、あったとしても浸かるにはサイズが短いことが多いです。

いずれにしても、明日の船は今日設計しなければなりません。なぜならば、造船会社と造船材料の供給者が求めるタイミングがあるからです。

2020年、クルーズは非常に制限された環境になりました。実際のところ、私たちがこれまで経験してきた楽しいクルーズとは全く違うものでした。そうはいっても、新鮮な空気と変化に富んだ景色の中で、海の上にいること、移動しながらの船旅がとても楽しいことを改めて実感しています。今後も、クルーズが心の支えになることは間違いありません。私は1965年7月以来、世界中のクルーズ客船やオーシャンライナーに乗船してきましたが、変わりゆく環境や自然を楽しむことのできる洋上での生活が大好きです。常に変化し続けるこの世界で。

※取材時のみマスクを外しております。

2021
New Cruise Ships

2021年から
未来に向かう新造船

海を体感できる次世代客船、MSCシーショアや
久しぶりの帆船建造となったシークラウドスピリット、
クリスタル初の探検船やポナンの砕氷能力のある客船など
2021年は、個性ある客船が目白押しだ。

■2021年に就航の主な客船

船名	クルーズ会社	総トン数	就航	造船所
MSC Virtuosa　MSCビルトゥオーサ	MSC クルーズ	181,541	5月	アトランティーク(フランス)
Viking Venus　バイキングビーナス	バイキングオーシャンクルーズ	47,000	5月	フィンカンティエリ(イタリア)
Celebrity Apex　セレブリティエイペックス	セレブリティクルーズ	129,500	6月	アトランティーク(フランス)
Silver Origin　シルバーオリジン	シルバーシークルーズ	5,800	6月	ホープBV(オランダ)
Silver Moon　シルバームーン	シルバーシークルーズ	40,700	6月	フィンカンティエリ(イタリア)
Mardi Gras　マルディグラ	カーニバルクルーズライン	180,000	7月	マイヤーベルフト(ドイツ)
Costa Firenze　コスタフィレンツェ	コスタクルーズ	135,500	7月	フィンカンティエリ(イタリア)
Crystal Endeavor　クリスタルエンデバー	クリスタルクルーズ	20,000	7月	MV(ドイツ)
Odyssey of the Seas　オデッセイオブザシーズ	ロイヤルカリビアンインターナショナル	167,704	7月	マイヤーベルフト(ドイツ)
MSC Seashore　MSCシーショア	MSCクルーズ	169,400	8月	フィンカンティエリ(イタリア)
Scarlet lady　スカーレットレディ	ヴァージンボヤージュ	110,000	10月	フィンカンティエリ(イタリア)
World Navigator　ワールドナビゲーター	アトラスオーシャンボヤージュ	9,300	8月	ウエストシー(ポルトガル)
Sea Cloud Spirit　シークラウドスピリット	シークラウドクルーズ	5,431	9月	メタルシップス(スペイン)
Rotterdam　ロッテルダム	ホーランドアメリカライン	99,836	10月	フィンカンティエリ(イタリア)
Le Commandant Charcot　ルコマンダンシャルコー	ポナン	31,757	10月	バルド(ノルウェー)
Enchanted Princess　エンチャンテッドプリンセス	プリンセスクルーズ	145,000	11月	フィンカンティエリ(イタリア)
Ultramarine　ウルトラマリン	クォークエクスペディションズ	13,000	11月	ブロドスプリット(クロアチア)

※情報は2021年11月現在。新型コロナウイルス感染症の影響により、就航時期が変更になることもあります。

MSC Seashore

MSCシーショア／MSCクルーズ

ゴージャスな雰囲気のアトリウムにはバーを併設。

2021年にデビューしたMSCシーショアは、姉妹船であるMSCシーサイドとMSCシービューからインスパイアされた新造船。保有クルーズ船で最長となる全長339m、13000㎡のアウトドアスペースと、海を間近に体感できる全長540メートルのプロムナードを設け、ゲストがより海を近くに感じられる空間が特徴。世界のクルーズ船で初となる空気衛生システムSafe Airを搭載し、UV-C照明技術を使ったウイルスやバクテリアを除去する技術で、ゲストとクルーに安全な空気環境を提供する。毎晩オリジナルのライブエンターテインメントが楽しめる新しい船尾ラウンジ（Le Cabaret Rouge）が誕生。ニューヨークをテーマにした船内デザインも華やかだ。703㎡のキッズ専用エリアを確保し、室内デザインを一新し、宇宙をテーマにした空間を楽しめる最大面積の“ドレミランド”キッズエリアもより充実。

1

2

3

4

5

6

1_ニューヨークをテーマにした華やかな船内。 2_船尾にあるインフィニティプール。 3_潮風を感じるテラスのあるレストランも多い。 4_MSCヨットクラブ専用のゆとりあるスペース。 5_多彩なバー&ラウンジも見どころ。 6_海を走るMSCシーショア。

SHIP DATA

総トン数：169,400トン
全長339／全幅41メートル
乗客定員：5,632人
乗組員数：1,648人
就航：2021年8月
問い合わせ：MSCクルーズ　https://www.msccruises.jp

Crystal Endeavor クリスタルエンデバー／クリスタルクルーズ

1_プールやジャグジーを併設しくつろぎの時間を過ごせるソラリウム。 2_クリスタルエンデバーの船体。 3_エクスペディションラウンジ。 4_白を基調にしたペントハウススイート。 5_華麗な雰囲気のレストラン、ウォーターサイド。

クリスタル待望の探検シップ、クリスタルエンデバーが2021年に就航。20,000トン、乗客定員200名でスペース比率100トン、クルー比率1:1を実現。耐氷能力はPC6、錨を用いず自動船位保持を可能にするシステムを搭載し、南極をはじめ世界中を訪れることが可能だ。フィットネス、スパのほか、インドアプールとジャグジーを備えたソラリウムを設けている。全ての客室はバルコニー付きで24時間バトラーサービスを提供。2023年に日本発着クルーズを予定。

SHIP DATA

総トン数：20,000トン　全長／全幅：164.5／23.4メートル　乗客定員:200人　乗組員数:―　就航：2021年7月　問い合わせ：クリスタルクルーズ　https://www.crystalcruises.jp

Rotterdam ロッテルダム／ホーランドアメリカライン

1_B.B.キングによるライブなどの音楽プログラムが楽しめる。 2_ロッテルダムの船体。 3_ローリング・ストーン社と提携したロックルーム。 4_モダンなデザインのアトリウム。 5_白を基調にしたレストラン。ホーランドアメリカラインは料理も好評。

2021年10月に大西洋横断でデビューしたロッテルダムは、冬季はカリブ海クルーズを実施。今回、7代目のロッテルダムでフラッグシップとなり、ピナクルクラスとしては最後で、3隻目。270度の大型円形スクリーンに LEDライトを採用し、臨場 感あふれる音響を実現したワールドステージは、ピナクルクラスだけの大迫力のパノラマシアター。ローリング・ストーン社と提携したロッククルーム。生バンドによる白熱したロックパフォーマンスと、演奏されるロックの名曲を楽しめる。

SHIP DATA

総トン数：99,836トン　全長／全幅：297／35メートル　乗客定員：2,668人　乗組員数：―　就航：2021年10月　問い合わせ：オーバーシーズトラベル　https://cruise-ota.com

Sea Cloud Spirit シークラウドスピリット／シークラウドクルーズ

1_シークラウドスピリットの船体。 2_リドデッキのビストロ。 3_居心地のよさそうなライブラリー。 4_優雅な雰囲気のレストラン。 5_潮風に吹かれて過ごせるサンデッキ。

シークラウドクルーズが2001年竣工のシークラウドⅡ以来20年ぶりとなる新造船シークラウドスピリットが完成し、地中海クルーズに就航した。同社は21世紀には珍しい、伝統的な艤装を施した帆船にこだわり、3本マストのフルリグドシップが完成した。既存船より一回り大きくなり、新たにバルコニー付きキャビンなどを備えている。帆の数は全28枚、総帆面積は4,100㎡。5,431総トン、全長138メートル、幅17.2メートル　。

SHIP DATA

総トン数：5,431トン　全長／全幅：138／17.2メートル　乗客定員：136人　乗組員数：―　就航：2021年9月　問い合わせ：アンフィトリオン・ジャパン　https://www.amphitryon.co.jp/

Commandant Charcot

ルコマンダンシャルコー／ポナン

ポナンから世界初のLNGx電気のハイブリッドで動く砕氷能力を持つ客船が就航。2021年の夏に引き渡され、11月から運航を開始した。北極点を含めた極地における砕氷船でしか行けない全く新しいルートを運航。3万トン級の船で定員は260名とこれまでにないスケール感での極地クルーズを楽しめる。

SHIP DATA

総トン数：31,757トン
全長／全幅：150／28メートル
問い合わせ：ポナン　http://www.ponant.jp

Odyssey of the Seas

オデッセイオブザシーズ／ロイヤルカリビアンインターナショナル

最先端客船オデッセイオブザシーズは、2021年7月にカリブ海に就航。次世代型のスポーツとエンターテイメント屋内施設シープレックス、2層のプールデッキ、ジョバンニズ・イタリアン・キッチン&ワインバーなどの多彩なダイニングオプション、展望カプセル、スカイダイビングシミュレーターなど注目の施設が多い革新的な客船だ。

SHIP DATA

総トン数：167,704トン
全長／全幅：346／41メートル
問い合わせ：ミキ・ツーリスト　https://www.royalcaribbean.jp/

Enchanted Princess

エンチャンテッドプリンセス／プリンセスクルーズ

プリンセスクルーズからロイヤルクラスの第5隻目の客船が就航。同社史上最大の広さのバルコニー（65㎡）が特徴のスカイスイートを備えるほか、ミシュラン3つ星を獲得したエマニュエル・ルノー氏監修の「ラ・メール」など。船内には25以上ものレストランとバーを設置洋上では珍しいジャズ・シアターも。乗客と乗務員をつなげる最先端テクノロジー「オーシャン・メダリオン」を建造時から導入。

SHIP DATA

総トン数：145,000トン　全長／全幅：330／38.4メートル　問い合わせ：プリンセスクルーズ　https://www.princesscruises.jp

Mardi Gras

マルディグラ／カーニバルクルーズライン

新造船マルディグラが、2021年7月、カリブ海クルーズでデビューした。北米初LNG（液化天然ガス）を使用し、船内をテーマに沿って6つのゾーンに分けた新しいコンセプトの客船、海上初のジェットコースターBOLTを搭載（ウルトラ・プレイグラウンド）。初の3デッキからなるアトリウムがある「グランドセントラルカーニバル」や、「フレンチクオータービストロ1396」もおすすめだ。

SHIP DATA

総トン数：180,000トン　全長／全幅：344.4／41.7メートル　問い合わせ：アンフィトリオンジャパン　https://www.carnival-japan.jp

Costa Firenze

コスタフィレンツェ／コスタクルーズ

イタリアらしい美意識に細部に至るまでこだわった新造船コスタフィレンツェ。船内の空間にルネッサンスがよみがえり、ゲストと家族がイタリアのライフスタイルの美学に浸ることができる。アジア料理からトスカーナの伝統料理まで、さまざまなテーマのレストランを備えた美食の船でもある。環境にやさしい船であり、幅広くサステナビリティプロジェクトを行っている。

SHIP DATA

総トン数：135.500トン　全長／全幅：323.5／37.2メートル　問い合わせ：コスタクルーズ　https://www.costajapan.com

2022
New Cruise Ships

夢あふれる新造船が 船出する2022年

セレブリティは鮮烈なエッジシリーズをさらに進化へ。
従来のクルーズで成功しているブランドが
新たに探検客船をデビューさせるのもトレンド。
大型船から小型船まで、夢が広がるラインアップだ。

■2022年に就航予定の新造船

船名	クルーズ会社	総トン数	就航	造船所
Viking Octantis バイキングオクタンティス	バイキングオーシャンクルーズ	30,150	1月	バルド(ノルウェー)
Emerald Azzurra エメラルドアズーラ	エメラルドクルーズ	5,300	1月	ハロン(ベトナム)
Wonder of the Seas ワンダーオブザシーズ	ロイヤルカリビアンインターナショナル	236,857	3月	シャンテリーズ(フランス)
Discovery Princess ディスカバリープリンセス	プリンセスクルーズ	141,000	3月	フィンカンティエリ(イタリア)
Silver Dawn シルバードーン	シルバーシークルーズ	40,700	4月	フィンカンティエリ(イタリア)
Celebrity Beyond セレブリティビヨンド	セレブリティクルーズ	140,600	4月	アトランティーク(フランス)
Seabourn Venture シーボーンベンチャー	シーボーンクルーズ	22,300	4月	マリオッティ(フランス)
Aqua Mare アクアマーレ(改装)	アクアエクスペディションズ	—	5月	CRN (イタリア)
Evrima エブリマ	リッツカールトンヨットコレクション	26,500	5月	バレラス(スペイン)
Valiant Lady バリアントレディ	ヴァージンボヤージュ	110,000	5月	フィンカンティエリ(イタリア)
Viking Mars バイキングマーズ	バイキングオーシャンクルーズ	47,000	5月	フィンカンティエリ(イタリア)
Disney Wish ディズニーウィッシュ	ディズニークルーズ	140,000	6月	マイヤーベルフト(ドイツ)
Resilient Lady レジリエントレディ	ヴァージンボヤージュ	110,000	6月	フィンカンティエリ(イタリア)
World Traveller ワールドトラベラー	アトラスオーシャンボヤージュ	93,000	7月	ウエストシー(ポルトガル)
Norwegian Prima ノルウェージャンプリマ	ノルウェージャンクルーズライン	142,500	8月	フィンカンティエリ(イタリア)
Viking Polaris バイキングポラリス	バイキングオーシャンクルーズ	30,150	夏	バルド(ノルウェー)
MSC Seascape MSCシースケープ	MSCクルーズ	169,500	11月	フィンカンティエリ(イタリア)
Carnival Celebration カーニバルセレブレーション	カーニバルクルーズライン	180,800	11月	マイヤートゥルク(フィンランド)
World Europe ワールドエウローパ	MSCクルーズ	205,700	12月	アトランティーク(フランス)
VIking Neptune バイキングネプチューン	バイキングオーシャンクルーズ	47,000	12月	フィンカンティエリ(イタリア)
Global Dream グローバルドリーム	ドリームクルーズ	208,000	10〜12月	MVベルフテン(ドイツ)
World Seeker ワールドシーカー	アトラスオーシャンボヤージュ	93,000	未定	ウエストシー(ポルトガル)
Cunard (船名未定)	キュナードライン	113,000	未定	フィンカンティエリ(イタリア)

※2021年11月現在の情報です。新型コロナウイルス感染症の影響により、就航時期が変更になることもあります

Celebrity Beyond

セレブリティビヨンド／セレブリティクルーズ

拡張されたルーフトップガーデンで、スタイリッシュなリゾートスタイルを。

1

2

3

4

5

6

1_モダンな2階建ての客室、エッジヴィラ。2_円形のマティニバーが中心に配置されるグランドプラザ。3_潮風を感じるリゾートデッキ。4_新たな2階建てのリトリートサンデッキ。5_モロッコにインスパイアされたシックな雰囲気のサンセットバー。

2023年にデビューする「セレブリティビヨンド」は、話題となったエッジシリーズをさらに進化させ、想像力、驚き、ラグジュアリーの枠を超越する客船となる。新造船では快適性を高めるため、約20m延伸し、パブリックスペースのゆとりを確保、1デッキを増え全17デッキとなり、客室は170室増加する。屋上船尾のサンセットバー、スイート増室、リゾートサンデッキを拡張するなどアップデートを図る。ミシュランシェフのダニエル・ブールーが手掛ける洋上初のレストラン「ル・ボヤージュ」やアクアクラススカイスイート、グウィネス・パルトロウがアンバサダーを務めるgoop とのコラボおよびエステフィットネスプログラムの充実化など、美と食を追求。デビュークルーズは、2022年4月27日発サザンプトン～バルセロナの西ヨーロッパクルーズ（10泊）。また2023年春には、ビヨンドと同サイズの「セレブリティアセント」の就航を予定している。

SHIP DATA

総トン数：140,600トン
全長／全幅：327／39メートル
乗客定員：3,260人
乗組員数：一人
就航：2022年4月
問い合わせ：クルーベル・コミュニケーション・ジャパン
https://www.celebritycruises.com

Seabourn Venture

シーボーンベンチャー／シーボーンクルーズ

1

2022年は、シーボーンから初の探検船がデビューする。注目すべきは2隻の海面下を見ることができる潜水艦と、24隻のゾディアックボートが装備されていること。ディスカバリーセンターは全乗客収容可能で9m以上の画面が備わっており、エクスペディションチームのメンバーが寄港地に関連した講義を定期的に行う。デビュークルーズは2022年4月のグリニッジからトロムソへの24泊クルーズ。2023年にはエクスペディション2隻目として、ベンチャーの姉妹船となるシーボーンパスートの就航を予定している。

SHIP DATA

総トン数：22,300トン
全長：170／全幅：24メートル
乗客人数：264人
乗組員数：―
就航：2022年4月
問い合わせ：オーバーシーズトラベル　https://cruise-ota.com/SBN

2

3

4

5

1_PC6ポーラークラスの基準に基づいて建造されるシーボーンベンチャー。 2_アトリウムの完成予想イメージ。 3_寄港地に関連したレクチャーなどが行われるディスカバリーセンター。 4_船尾にあるシーボーンスクエア。 5_レストランの完成予想イメージ。

Norwegian Prima

ノルウェージャンプリマ／ノルウェージャンクルーズライン

1

ノルウェージャンプリマは、同社ではほぼ10年ぶりの新クラス、プリマクラス6隻の最初の客船。従来のフリースタイルクルーズをさらに進化させた客船となり、オーシャンブルーバードと呼ばれる左右に設けられた新たなデッキとインフィニティプール、船尾にある開放的なフードコートが特長。日本でも人気の高い上級クラス「ザ・ヘブン」もさらなる上質化が図られる模様。船上サーキットなども引き続き導入され、幅広い客層をターゲットにする。販売初日と第1週の予約が同社54年の歴史で最高となる売上を記録。マーケットからの期待は高い。

SHIP DATA

総トン数：142,500トン
全長／全幅294.1／―メートル
乗客定員：3,215人
就航：2022年8月
問い合わせ：ノルウェージャンクルーズライン　https://www.ncl.com

2

3

1_革新的な外観を持つノルウェージャンプリマ。 2_イタリア、フィンカンティエリで建造が進む。 3_幅広いサイドデッキには多くのくつろぎスポットが用意される。

Special Page　NORWEGIAN PRIMA　ノルウェージャンプリマの革新性に触れよう

颯爽と登場

2022年8月
新時代を
切り開く
ノルウェージャンプリマ

NORWEGIAN
PR1MA

August
2022
be the first

Concept 1

Innovation イノベーション

ゲストファーストの哲学と革新の精神

イノベーションはゲストの有意義な時間を実現するために

従来の考え方にとらわれず、革新的な取り組みが世界で評価されるノルウェージャンクルーズライン。10年ぶりの新しいプリマクラスを建造するにあたりハリー・サマー氏は語る。「お客様にとって有意義なのは何か?白紙の状態から始めましたので、時代遅れのデザインにこだわることはありませんでした。設計の初期段階から素晴らしいイノベーションを追求してきたのがノルウェージャンプリマです」。そのコンセプトが最もよく表れているのがエンジンの位置、通常船尾に配置されるエンジンを船体の中央に配置したことだという。「それによって、客船の後部が開放され、新しいウォーターフロントエリア『オーシャン・ブルーバード』を創造できました。その開放的な円形のフロアには青空市場をイメージした『インダルジ・フードホール』を用意します。ゲストがのんびりと歩きながらお気に入りの場所を発見できるようしました」。まさにフリースタイルを標榜する同社の思想が、新しい設計に見事に落とし込まれている。また注目するのが上級クラスとして人気を博している『ザ・ヘブン』の方向性。「さらにレベルアップします。このクラスは最高のクルーズを求める方、自分だけの体験を楽しまれたい方向けにスペース、デザイン、そしてアメニティーに至るまで最上のものを提供します」と話す。トップデッキに用意されるザ・ヘブン専用のプールは人気を得るのではないだろうか。「ゲストを全ての中心に据えるワールドクラスのサービスを」というサマー氏の最後の言葉には自信がみなぎっていた。

1

2

3

Harry Sommer

ハリー・サマー
ノルウェージャンクルーズライン社長
兼最高経営責任者

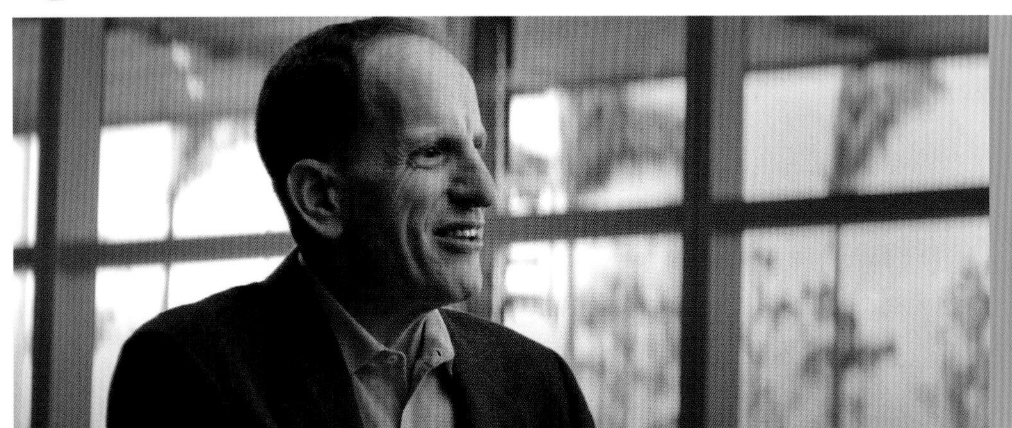

1_一目で他にない革新的な客船であることを物語るルウェージャンプリマ。
2_航跡を眺めながら優雅な時間を楽しめる船尾のオープンデッキ。
3_さらに一つ上を目指すというザ・ヘブンのスイート。
4_ヘブン専用のトップデッキとインフィニティプールは注目度大。
5_様々なレストランから好きなときに好きなものを選べるフードホール。

4

5

Concept **2**

Design デザイン

スタイリッシュで開放的かつコージーな空間の数々

お客様はゲストではなく船のオーナーとして

お客様が毎日新しい何かを体験できる空間を提供するというノルウェージャンプリマ。そのために世界で活躍する多くのクリエーターの英知を結集したという。その一人、カッシーナをはじめ上質なプロダクツや空間デザインで高名なピエロ・リッソーニ氏は「上質を求めるお客様にはゲストではなく船のオーナーと感じてもらうことを重視した」と語る。「すなわち、エレガント。プロジェクト全体がこの言葉に関連しています。常にエレガントな空間を私はデザインしました」というコメントは印象的だ。そして、同社が大切にするフリースタイルクルーズ。それを実現するために、パブリックスペースからキャビンに至るまで、ゲストがくつろぎたいときに自由にくつろげる設計思想、それこそがこの船の真骨頂ではないだろうか。例えば、同船で最も目を引く左右の船体脇に設けられるオーシャンブルーバードにはくつろぎのデッキチェアやインフィニティプールがあり、バーやデッキにもハンギングチェアやハンモックが配置され、船内いたるところにコージーな空間が用意される。各クリエーターが創造性を駆使した特別な空間を楽しむことが、この客船の最も正しい過ごし方だ。リッソーニ氏は最後にこうも語った。「優れたデザインというのは、感性を刺激し、これまで経験したことがない何かをもたらします。だから、私たちがデザインするときは一貫して人の感情を反映するようにしているのです」。デザインとスペースを重視し、乗る人の感性に触れる客船がノルウェージャン プリマなのだ。

1

2

3

Piero Lissoni

ピエロ・リッソーニ
世界で高名なプロダクツデザイナー
プリマでは「ザ・ヘブン」のデザインを監修

1_斬新なデッキのハンモック。
2_「美しさのために設計され、滞在することの喜びをデザインした」というリッソーニ氏の思想が具現化したヘブンのスイート。
3_デザインが目を引くザ・ローカルバー&グリルのウェイティングバー。
4_海面に近くより航海気分が味わえるオーシャンブルーバード。
5_左右に設けられるオーシャンブルーバードのインフィニティプール。
6_スタンダードなキャビンも創造的なデザインで演出される。

4
5
6

Concept 3

Experience 体験

クラス最大のスペースで異次元の体験を

上質、そして他にはない体験、未来の客船像がここにある

クラスを越えた上質感、それはデザインの賜物。それぞれのデザインクリエーターが客船ではなくホテルやリゾートのお部屋を意識して作り込んだという。ピエロ・リッソーニ氏が手掛けるザ・ヘブンのスイートはもとよりスタンダードキャビンに至るまで、従来のこのクラスでは体験できないような上質感を与えるという。ゲストの好奇心を満たすダイニングの数々も同船の特徴。すでにノルウェージャンアンコールなどで導入され、好評を博しているスペシャリティイタリアンレストラン「オンダ・バイ・スカルパッタ」をはじめ、世界各地のさまざまなジャンルの食が用意されるという。その根底にある、食の時間にもエクスペリエンスを提供するという同社らしい考え方が興味深い。また、評価の高いプロダクションショー、特に注目されるのが「ザ・ドナ・サマー・ミュージカル」。ブロードウェイで旋風を巻き起こしたトニー賞ノミネート作品でディスコミュージックとともにエキサイティングな感動を味わいたい。トップデッキの洋上サーキット「プリマスピードウェイ」もスケールアップして登場。汐風に吹かれながら3階建てのコースを童心に帰って疾走する体験も楽しみの一つ。サマー氏が最後に語った「お客様が今まで経験したことのない、新しい体験ができたという達成感を抱いて下船いただきたい」というコメントにプリマの全てが集約されている。まだ見ぬ「体験」との出会いはもうすぐだ。

1_プリマ・スピードウェイは洋上最大3階構造のレーストラック。
2_フードコートのラウンジチェアも上質感があふれる。
3_メキシカングリル・ロスロボスなどスペシャリティレストランも充実。
4_シアターの座席は可動式、ナイトクラブとしての利用も。
5_ディスコ世代を虜にする新しいミュージカル「サマー」。
6_インフィニティービーチと洋上最速のフリーフォール、ザ・ドロップ。
7_デザインと美食が融合したオンダ・バイ・スカルパッタ。

6
7

革新に触れる2022年の主なクルーズ

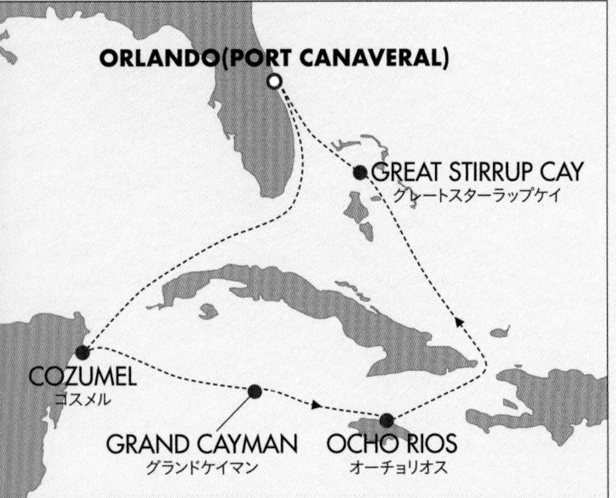

01

カリブ海
グレートスターラップケイ
&コスメルクルーズ

2022年12月16日・12月23日
オーランド(ポートカナベラル)発7日間

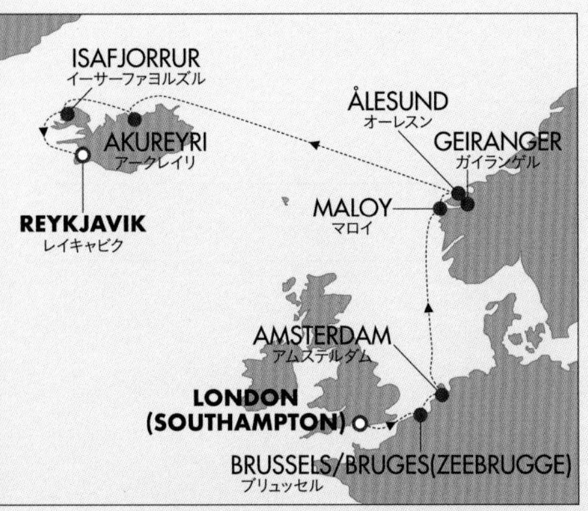

02

北ヨーロッパ
アイスランド&ノルウェークルーズ

2022年8月27日
ロンドン(サウサンプトン)発11日間

03

バルト海
ドイツ、ロシア、スウェーデンクルーズ

2022年9月3日
アムステルダム(オランダ)発10日間

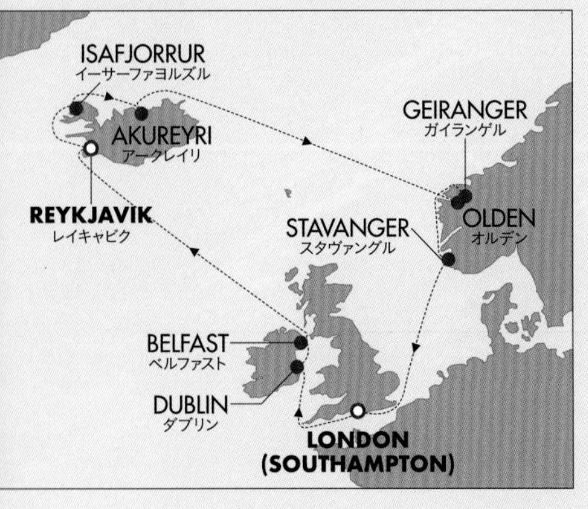

04

北ヨーロッパ
アイスランド、レイキャビク、ダブリン、
ベルファストクルーズ

2022年9月18日
ロンドン(サウサンプトン)発14日間

And more
https://www.ncl.com

Viking Octantis

バイキングオクタンティス／バイキングオーシャンクルーズ

リバークルーズから始まったバイキングクルーズが、オーシャンクルーズでも成功し、いよいよ初の探検シップを建造する。探検船もモダンなスカンジナビア・デザインを採用。直線的な船首、長い船体、最新式のフィンスタビライザーにより、極地アリアでも効率よく航行。船体はエクスペディションに適した耐氷性能のあるポーラークラス6。

SHIP DATA

総トン数：30,150トン　全長／全幅：202.7／23.5メートル　乗客定員：378人　乗組員数：―　就航：2022年8月　問い合わせ：オーシャンドリーム　https://oceandream.co.jp

Global Dream

グローバルドリーム／ドリームクルーズ

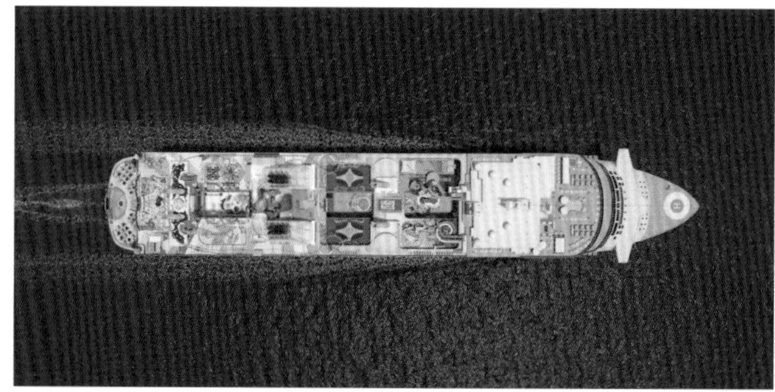

2022年、アジアで最大級のシップインシップ（船の中の船）というコンセプトを掲げるグローバルドリームがデビューの予定。アジアで最大級の乗船客数を誇る船上のテーマパークを備え、ローラーコースターなどが設けられる予定。船内での移動をスムーズにするエスカレータの完備や船上最大級の8スクリーンを備えたシネマプレックスなどもユニークだ。

SHIP DATA

総トン数：208,000トン　全長／全幅：342／46メートル　乗客定員：5,000人　乗組員数：―　就航：2022年8月　問い合わせ：ゲンティンクルーズ　https://www.dreamcruises.jp/

Evrima

エブリマ／リッツカールトンヨットコレクション

ホテルブランドとしての評価の高いリッツ・カールトンが新規就航させるラグジュアリーヨット「エブリマ」が2022年5月、リスボン～バルセロナ11泊で就航予定。年間を通じて地中海とカリブ海を航行。船内には洗練された空間が広がり、インフィニティプールや、ザ・リッツ・カールトン　スパ®なども魅力。

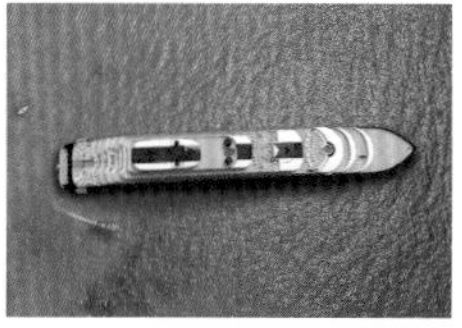

SHIP DATA

総トン数：26,500トン　全長／全幅：190／23.8メートル　問い合わせ：インターナショナル・クルーズ・マーケティング　https://www.icmjapan.co.jp

Aqua Mare

アクアマーレ／アクアエクスペディションズ

ラグジュアリーなリバークルーズで定評のあるアクアエクスペディションズが、ガラパゴス諸島に本格的なスーパーヨット「アクアマーレ」を就航させる予定。イタリアのCRNヨット社が建造、クルーと乗客がほぼ1対1の割合で対応するという、パーソナルなサービスでネイチャークルーズを楽しめる。

SHIP DATA

総トン数：―トン　全長／全幅：49.3／9.27メートル　問い合わせ：インターナショナル・クルーズ・マーケティング　https://www.icmjapan.co.jp

Silver Dawn

シルバードーン／シルバーシークルーズ

シルバードーンは、ミューズクラスの3番船で、4月1日リスボン発バルセロナ着7泊クルーズでデビュー予定。シルバームーンでスタートした、食文化を楽しむSALT（Sea And Land Taste）は、船上で地元ゲストシェフや専門家による講義、料理教室を行うプログラムも実施。

SHIP DATA

総トン数：40,700トン　全長／全幅：212.8／27メートル　問い合わせ：シルバーシークルーズ　https://www.silversea.com/

Curise Ship Report

1

World Navigator

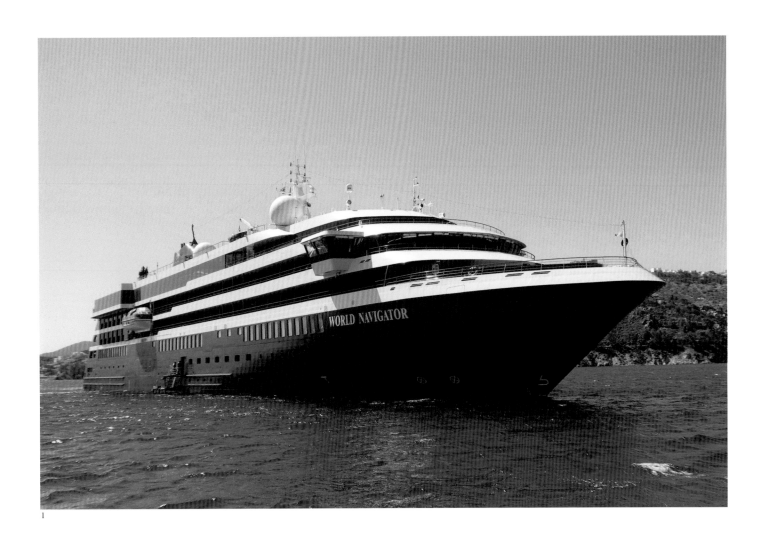

新造船ワールドナビゲーター
洗練とシーマンスピリットの融合

2

3

2021年、注目の船会社アトラスオーシャンボヤージュの
1番船ワールドナビゲーターが誕生した。
2024年までに計5隻の姉妹船を就航させる予定という
勢いあるブランドの貴重な新造船リポートをお届けする。

写真・文／東山真明 photo & text by Masaaki Higashiyama

1_ワールドナビゲーター、大きなポテンシャルを秘めた意欲作。 2_シンプルなロゴデザイン、ブランディングにはとても大切な要素。 3_船首部分を取り囲む椅子は極地仕様でヒーターが入っている。

アトラスラウンジは、ディナーの前の語らいの場。船客定員が少ないため、カクテル類も丁寧に作ってくれる。

足掛け2年にもなろうかというコロナ状況下、1隻の新しい船が就航した。ワールドナビゲーター。すでにいくつかのクルーズ会社を手掛けるポルトガルのミスティックインベストホールディング社が新たに設立したラグジュアリーアドベンチャーブランド、アトラスオーシャンボヤージュ社の1番船。2024年までに計5隻の姉妹船が就航する。今、この1万トンクラスが面白い。大型船がどの船も似たようなデザインに落ち着く中、1万トンクラスは各船会社が知恵を絞り、独自色を織り込み、それぞれ全く異なるデザインの船を建造する。その多くは船の前半分を客室、後ろ半分にパブリックスペースとするヴァーティカル（垂直構造）を採用。それは振動が発生するエンジンから客室を遠ざけるためだ。しかし、このワールドナビゲーターは違う。客室と

4

5

6

7

4_ブティック。シンプルなのにカッコイイロゴマークをあしらった白と黒のポロシャツが人気。 5_光沢のある美しいウッドパネルを多用した船内は、オリエント急行のようだ。 6_バルコニー部分まで部屋にして大きな窓が開くようにした新しい試みの客室。 7_ダークトーンでまとめた質感の良い客室、25㎡は十分な広さだ。

1_メインダイニングの後部にあるテラス席。地中海やエーゲ海などリゾートクルーズで活躍する。 2_料理は改善の余地はあるが合格点と言えよう。比較的ボリューム少なめ、バリエーションが豊富。 3_2人席が多いのが特徴。小さなテーブルランプはディナーメニューが見やすくありがたい。 4_元飛鳥で腕を磨いたヘッドウェイター、アーロンさん。しゃきっとした立ち居振る舞いは飛鳥仕込み？ 5_美声のピアノマン、船客の国籍や年齢に応じて選曲を考えているのだという。

パブリックスペースをデッキごとに分けるホライゾンタル（水平構造）を採用、これはいわば王道の客船構造だ。では後部客室の振動は大丈夫なのか？　そこは現代のテクノロジーで振動を抑え込む自信があると見た。

船内はダークトーンで仕上げられている。光沢のある濃色のウッドパネルはセンス良く高級感がある。客室は標準で25㎡を確保。大きなフラットスクリーンテレビの使い勝手がよく、シャワーブースにはレインシャワーがありロクシタンのバスアメニティとリラックスした時間を過ごせる。真新しい船会社ゆえ、既存のクルーズ各社からスタッフをリクルートする。元飛鳥に乗船していた日本語が流暢なヘッドウェイター、美声のハンサムなピアノマン、20歳前に船で働き出したウェイターは、全てのメニューの調理法まで説明してくれる。それら多彩なクルーをベテランのポルトガル人ホテルマネージャーがうまくまとめる。船旅の満足度はこの人たちが作り出すヒューマンサービスがとても大切だ。

気になるお食事だが、朝食にはシャンペンとブラディマリーが用意されていたり、アトラス社オリジナルブランドのオリーブオイルとビネガーがあったり、随所に粋な演出とこだわりがある。毎日食べられるフィレとサーロインステーキが美味しい。洋上初のロクシタンのスパや、ヨーロッパの街にあるバルのようなカフェなど、十分すぎるほどの設備が備わっている。

この船は11月から南極へ行く。そのためゾディアックボートも搭載、デッキ3には南極上陸時に使うパルカや長靴を収納する場所があり、使い勝手がよさそうだ。

最新のテクノロジーをまとったワールドナビゲーター、ポルトガル人船長のアウグスト・ネト氏にお話を聞いてみた。「私は

Curise Ship Report

World Navigator

6

8

6_ポルトガル人キャプテン、アウグスト・ネト氏。静かな語り口だがハートが熱い根っからの海の男。 7_プールサイドのジャグジー。お湯の温度がちょうどよく日本人には温泉代わりになる。 8_船尾の格納庫にはゾディアックボートとジェットスキーを搭載。この船は極地へも行く。 9_運動不足解消、プールサイドにある4種の運動器具。地味に見えて結構ハード。 10_濃紺のシックな船体、その中身はハイテク満載、環境意識も高い次世代のベンチマークとなりうる船。

7

9

10

リスボンの小さな町フィゲイラに生まれ、そこは船乗りが多く私の祖父も父も船乗りでした。船乗りは何か月も家を空ける寂しさもあるが、皆船乗りの家は、いい車に乗り、いい家に住み、それを見ていて私も船乗りになりたいと思いました。元来ポルトガル人には、大航海時代に先鞭を付け世界へ出て行ったシーマンスピリットがあるのだと思います。1986年にフィッシングボートで船乗りをスタートし、貨物船やコンテナ船を経て、1991年に客船の仕事に就きました。このたび母国ポルトガルの船会社が始まることでこのアトラス社へ移籍しました。ワールドナビゲーターは、良質なサービス、アットホームな雰囲気でブティックホテルのサービスを目指しています。そしてお客様をバイネームでお呼びするように心がけています」

キャプテンはじめ、船上で出会うポルトガル人は、少し控えめな方が多かった。しかし、キャプテンも言うところのシーマンスピリット、内に秘めたるものを感じる。ワールドナビゲーター、濃紺のシックな船体は一見オーソドックスではあるが、この船には確かにポルトガルのシーマンスピリットが宿っている。

SHIP DATA

船名:ワールドナビゲーター
運航会社:アトラスオーシャンボヤージュ
総トン数:10,000トン
全長/全幅:129/18.9メートル
乗客定員/乗組員数:196名/—名
就航:2021年
問い合わせ:マーキュリートラベル
https://www.mercury-travel.com

※取材時のみマスクを外しております。

Interview with MSC Cruises

東京にあるMSCクルーズ日本支社のオフィスに立つオリビエロ・モレリ社長。

Everything on MSC Cruises Japan from next year and future cruises

次世代型の客船やラグジュアリーブランドなど
新造船計画に意欲的なMSCクルーズ。
日本支社のオフィスでオリビエロ・モレリ社長に話を伺った。

photo by Masatsugu Mogi, edit by Nami Shimazu

MSCの日本発着クルーズ、すべてはこのオフィスから始まる

2022年からの日本発着を含めたMSCクルーズの計画は？

MSCクルーズでは日本向けの全てのプロダクト、オペレーション、エンターテインメント、サービスなどはこのジャパンオフィスで戦略を立てます。MSCクルーズのジャパンオフィスは2008年にオープン、海外クルーズ船社の日本オフィスの中では最も長く続いているオフィスの一つです。MSCは他の船社に先駆けて2000年8月から運航再開した「経験」があります。現在（2021年秋の時点）、MSCでは地中海を中心に4大陸で14隻の船が運航し、約60万人以上のお客様を迎えました。2021年10月には、MSCディビーナがカリブ海で運航再開。2022年の日本発着クルーズのリスタートに向け、豊富な知識と経験で安全対策を含めて自信をもって取り組んでいます。

Oliviero Morelli
オリビエロ・モレリ

MSCクルーズ日本支社社長

2015年よりMSCクルーズ日本支社長を務める。イタリア、ナポリ出身。

ここ2年のパンデミックの厳しい状況にもかかわらず、我々MSCクルーズの将来への投資プランやプロジェクトは順調に進行中です。2021年6月には、「シースケープ」のコインセレモニーが執り行われました。同船は2022年の11月に就航予定です。この船はシーショア、シーサイドの姉妹船で、アウトドアスペースをゆったりと取っているのが特徴です。この船は環境にやさしい「グリーンテクノロジー」をテーマとし、最新の排水処理システムや、海洋動物への影響を低減する水中騒音管理システムも搭載しています。2022年にデビュー予定の「ワールドエウローパ」は保有船の中で最も革新的な船の一つになるでしょう。LNG動力船であり、MSCのサステナビリティをポリシーとする未来像を定義するような船

　※取材時のみマスクを外しております。

1

2

3

4

5

になっています。2023年にはLNG動力船の2隻目「エウリビア」が就航を予定、船名は古代ギリシャの美しい海の神を意味しています。

新ブランド「Explora Journeys」はどんなクルーズになりますか？

MSCの新しいラグジュアリーブランド「エクスプローラジャーニーズ」はMSCとは別コンセプトで、本社では別のチームでスタートしています。このプロジェクトは海運の見識に優れたオーナーのアポンテファミリーにとって大きな夢で、長期的なビジョンとともに生まれました。ラグジュアリートラベルを再定義し、クルーズ市場に新しい世界を広げるものです。ブランド名前自体にも「クルーズ」という言葉を使わず、キャビンでなく「スイート」、パッセンジャーでなく「ゲスト」と、用語自体も変わります。コンセプトは「オーシャン・ステート・オブ・マインド」。船上だけでなく陸の旅とも合わせて、ラグジュアリーでユニークな体験を提供します。

1隻目のエクスプローラⅠが2023年に就航、その後2024年、2025年、2026年と順次就航を予定しています。ゲスト一人当たりに対してスタッフの比率が高く、パーソナルなサービスを提供します。2船目のエクスプローラⅡは2024年に就航予定。

エクスプローラジャーニーズは、与えられた船上イベントなどを忙しく楽しむという従来のクルーズとは一線を画した「自分だけの時間」を過ごせる船になるでしょう。大型客船では寄港がしづらい小さい港に訪れることもできるのも楽しみですね。

1_2022年に日本発着クルーズを予定しているMSCベリッシマ。
2_LEDビジョンが印象的なMSCベリッシマのプロムナード。
3_2023年デビュー予定の「エウリビア」のスティールカットを実施。
4_新ブランド「エクスプローラジャーニーズ」のラグジュアリーな船内。
5_2023年に就航予定の新造船「エクスプローラⅠ」の完成予想イメージ。

2023-2024

New Cruise Ships

新たな時代のラグジュアリーへ

期待の2023～2024年、
新しいラグジュアリーブランドや
スーパーヨットのデビューなど
優雅な船旅のチョイスが増えるのも楽しみ。

■2023年に就航予定の新造船

船名	クルーズ会社	総トン数	就航	造船所
Emerald Sakara エメラルドサカラ	エメラルドクルーズ	5,300	1月	ハロン(ベトナム)
Seabourn Pursuit シーボーンパスート	シーボーンクルーズライン	22,300	2月	マリオッティ(イタリア)
Vista ヴィスタ	オーシャニアクルーズ	67,000	4月	フィンカンティエリ(イタリア)
Celebrity Ascent セレブリティアセント	セレブリティクルーズ	117,000	春	アトランティーク(フランス)
Viking Saturn バイキングサターン	バイキングオーシャンクルーズ	47,000	春	フィンカンティエリ(イタリア)
MSC Euribia MSCエウリビア	MSCクルーズ	181,541	6月	アトランティーク(フランス)
Resilient Lady レジリエントレディ	ヴァージンボヤージュ	110,000	夏	フィンカンティエリ(イタリア)
SevenSeas Grandeur セブンシーズグランデュアー	リージェントセブンシーズクルーズ	54,000	11月	フィンカンティエリ(イタリア)
Icon of the Seas アイコンオブザシーズ	ロイヤルカリビアンインターナショナル	218,000	秋	マイヤートゥルク(フィンランド)
ExploraI エクスプローラI	エクスプローラジャーニーズ	64,000	未定	フィンカンティエリ(イタリア)
NCL (船名未定)	ノルウェージャンクルーズライン	140,000	未定	フィンカンティエリ(イタリア)
Princess (船名未定)	プリンセスクルーズライン	175,000	未定	フィンカンティエリ(イタリア)
Carnival Jubilee カーニバルジュビリー	カーニバルクルーズライン	183,900	未定	マイヤーベルフト(ドイツ)
Crystal (船名未定)	クリスタルクルーズライン	67,000	未定	MV(ドイツ)

■2024年に就航予定の新造船

船名	クルーズ会社	総トン数	就航	造船所
ExproraⅡ エクスプローラII	エクスプローラジャーニーズ	63,900	春	フィンカンティエリ(イタリア)
Celebrity (船名未定)	セレブリティクルーズ	140,600	未定	アトランティーク(フランス)
MSC (船名未定)	MSCクルーズ	205,700	未定	アトランティーク(フランス)
NCL (船名未定)	ノルウェージャンクルーズライン	140,000	未定	フィンカンティエリ(イタリア)
RCI (船名未定)	ロイヤルカリビアンインターナショナル	200,000	未定	マイヤートゥルク(フィンランド)
Viking (船名未定)	バイキングオーシャンクルーズ	47,000	未定	フィンカンティエリ(イタリア)
Disney (船名未定)	ディズニークルーズ	140,000	未定	マイヤーベルフト(ドイツ)

※2021年11月現在の情報です。新型コロナウイルス感染症の影響により、就航時期が変更になることもあります

Explora I

エクスプローラI／エクスプローラジャーニーズ

MSCから新しいラグジュアリーブランドが誕生。マンダラからインスピレーションを得たロゴは、MSCグループCFOを務めるアレクサ・アポンテ・ヴァーゴによりデザインされた。ロゴの模様は、一人一人の発見や心の充実感を表現、またアヤメの花模様は人類やMSCクルーズのルーツであるヨーロッパとのつながりを表すという。

SHIP DATA

総トン数：63,900トン　全長／全幅：248／32メートル
問い合わせ：MSCクルーズ　https://explorajourneys.com

Emerald Sakara

エメラルドサカラ／エメラルドクルーズ

エメラルドクルーズは、2隻目のスーパーヨット「エメラルドサカラ」を建造。"Thoughts become things"（思考が物事になる）という意味のサンスクリットのマントラから船名が名づけられ、セーシェルを中心に、地中海、アドリア海、紅海、黒海を航行。姉妹船のアズーラと同様、50部屋あるキャビンの88％にはバルコニーが設置。

SHIP DATA

総トン数：5,300トン　全長／全幅：110／ーメートル
問い合わせ：セブンシーズリレーションズ　https://www.emerald-ww.jp

Vista

ヴィスタ／オーシャニアクルーズ

新造船のヴィスタは、既存のOクラスの定員1250名とほぼ同型ながら、定員を1200名に減らして、全室バルコニー付き（一部フレンチベランダ）とゆったりとした船内を実現。スパ監修のヘルシーメニューが専用レストランのアクアマールキッチンにも登場。コンシェルジュレベルに初めてシングル用の部屋も設置。

SHIP DATA

総トン数：67,000トン　全長／全幅：251／32メートル
問い合わせ：オーシャニアクルーズ　https://jp.oceaniacruises.com

Resilient Lady

レジリエントレディ／ヴァージンボヤージュ

18歳以上の大人だけのクルーズというユニークなコンセプトのヴァージンボヤージュから、2023年には3隻目が就航予定。クリーンな船をコンセプトに、使い捨てプラスチック製品の使用を禁止し、ビュッフェ形式を取り入れず多種類のレストランを設置。Wi-Fiが無料で提供され、チップもクルーズ代金に含まれる。

SHIP DATA

総トン数：110,000トン　全長／全幅：278／38メートル
問い合わせ：ヴァージンボヤージュ　https://www.virginvoyages.com

Interview with
Regent Seven Seas Cruises
& Oceania Cruises

You find modern luxurious style on Seven Seas Grandure & Vista

It's residencial style almost like stepping into someone's home.

2021年9月に運航再開した
リージェントセブンシーズクルーズと
同8月に運航再開した
オーシャニアクルーズは
ともに2023年に新造船を就航。
両ブランドに携わる
スティーブ・オデル氏に
期待の新造船について伺った。

edit by Nami Shimazu

邸宅に招かれたような心地になれる、2023年デビューの新造船

新造船「セブンシーズグランデュアー」の特徴と予約状況は？

最近の予約状況については、この2年間運航ができなかったのもあり、リージェントセブンシーズクルーズ、オーシャニアクルーズともクルーズ予約についての反発的な需要がありまして、コロナ禍前より長めのクルーズを申し込んだり、上のクラスを申し込んだりする傾向も見られます。2023年に就航する「セブンシーズグランデュアー」が2021年9月に販売開始されましたが、新造船ということもあり、予想以上に良い結果でした。

この船はリージェントブランドのさらに進化形となる客船となります。誰かの素晴らしい邸宅に呼ばれて入り込んだような、モダンでラグジュアリーなスタイルを誇ります。グランデュアーについては特にデザインに力を入れ、インテリアに使われる大理石、家具、ファブリック、テキスタイルに至るまで最高品質にこだわっています。例えば、レストランのコンパスローズは、まるで魔法の森に迷い込んだような、美しいレストランとしてデザインされる予定です。また、リージェントスイートについては、設計を担当するStudio DADOにより新しいデザインになり、専用室内スパを備えたマスターバスルームを備えています。

Steve Odell
スティーブ・オデル

リージェントセブンシーズクルーズ・オーシャニアクルーズ SVP & マネージングディレクター・アジア太平洋

特にラグジュアリークルーズブランドでの経験が長く、30 年以上にわたりクルーズ業界で活躍。

セブンシーズスプレンダーのカクテルバーで。

ラグジュアリーブランドは、トレンドを見据えて新造船のデザインを進めていくわけですが、ラグジュアリー、富裕層が何を望んでいるのかを常にリサーチし、次の時代がどのようになっていくか考えていくことが必要ですね。ホテルのトレンドなども見据えながら、単にハードだけでなく、サービスにおいてもゲストの期待に添えるように、伝統を大切にしながら、施設を改善し、洗練をより進化させていくスタイルが求められるでしょう。

新造船「ヴィスタ」の特徴と予約状況は？

オーシャニアクルーズでは、2023年に新造船「ヴィスタ」を就航予定です。前回オーシャニアで新造船が就航したのは2012年であり、ヴィスタはオーシャニアの未来像を伝える客船になるでしょう。9カ所のダイニングで楽しめる美食も期待できます。特徴的なのはロビーエリアで、クリスタルのシャンデリアが輝き、船内に入ったら感動するような空間です。船のスパは年々重要な場所になっていますが、アクアマールスパは施設がとても充実しています。ラルフローレンホームがインテリアを手掛けるトップ・オブ・シップライ

 ※取材時のみマスクを外しております。

1

2

3

ブラリーも見どころで、横にバリスタがあるのでコーヒーを飲みながら本を読んだりもできます。ヴィスタの販売状況は、2023年春からの予約が非常に好調でもう50%は予約が入っています。その30%はオーシャニアが初めてのお客様です。初めてのお客様が増えているのは、今までプレミアムクラスの大型客船で旅をしていたクルーズ経験者が、より少人数で旅をしたいとオーシャニアのような客船を選んでいるからかもしれませんね。

リージェントセブンシーズクルーズやオーシャニアクルーズでの思い出は？

セブンシーズスプレンダーにて、セレナ・メラーニ船長と。

リージェントセブンシーズクルーズやオーシャニアクルーズに携わって6年になるのですが、個人的な思い出は、リージェントセブンシーズクルーズでは、母とバルト海クルーズに参加して、サンクトペテルブルクに3泊してエカテリーナ宮殿やエルミタージュを訪れたのが、記憶に残っています。オーシャニアでは、ドンペリニョンと美食のペアリング体験が良かったです。10席程のプライベートな空間で、ビンテージのドンペリニョンとディナーを楽しみました。日本の皆様にも、素晴らしい寄港地や美食体験、思い出に残るクルーズをぜひお楽しみいただきたいと思います。

4

1_セブンシーズグランデュアー(55,000トン)の完成予想図。
2_まるで邸宅のようなリージェントスイート。
3_セブンシーズグランデュアーのコンパスローズレストラン。
4_2023年就航予定のヴィスタ(67,000トン)。
5_ヴィスタにあるアクアマールスパのプール。

5

2025

飛鳥

飛鳥ラグジュアリーを体現する新造客船“A3プロジェクト”

写真／海野惶世 photo by Kosei Umino　文／島津奈美 text by Nami Shimazu

2025年には、
ここにA3が来るんだね！

郵船クルーズの本社から、飛鳥IIが停泊中の横浜大さん橋を眺めるプロジェクトメンバーの二人。

A3 project is

2025年、新しい飛鳥が誕生する——。
クルーズの明るい未来を感じさせた2021年のニュースは
郵船クルーズが、2025年完成の新造客船造船契約をマイヤーベルフトと結んだことだ。
クルーズファン待望のこのプロジェクトの進捗は？
中心のメンバーをはじめ、このプロジェクトにかかわる人々の
インタビューやメッセージをお届けしよう。

2025年デビュー予定の新造客船の予想完成イメージ。船体のシルエットも随時アップデートされている。

in progress

Special
Interview
with
Hiroshi Kawamura & Yukie Toshimori

photo by Kosei Umino, edit by Nami Shimazu

2025年就航予定の新造客船の準備に携わる
中心メンバーである、郵船クルーズの
河村洋執行役員と歳森幸恵新造船準備室長に
プロジェクトについて話を伺った。

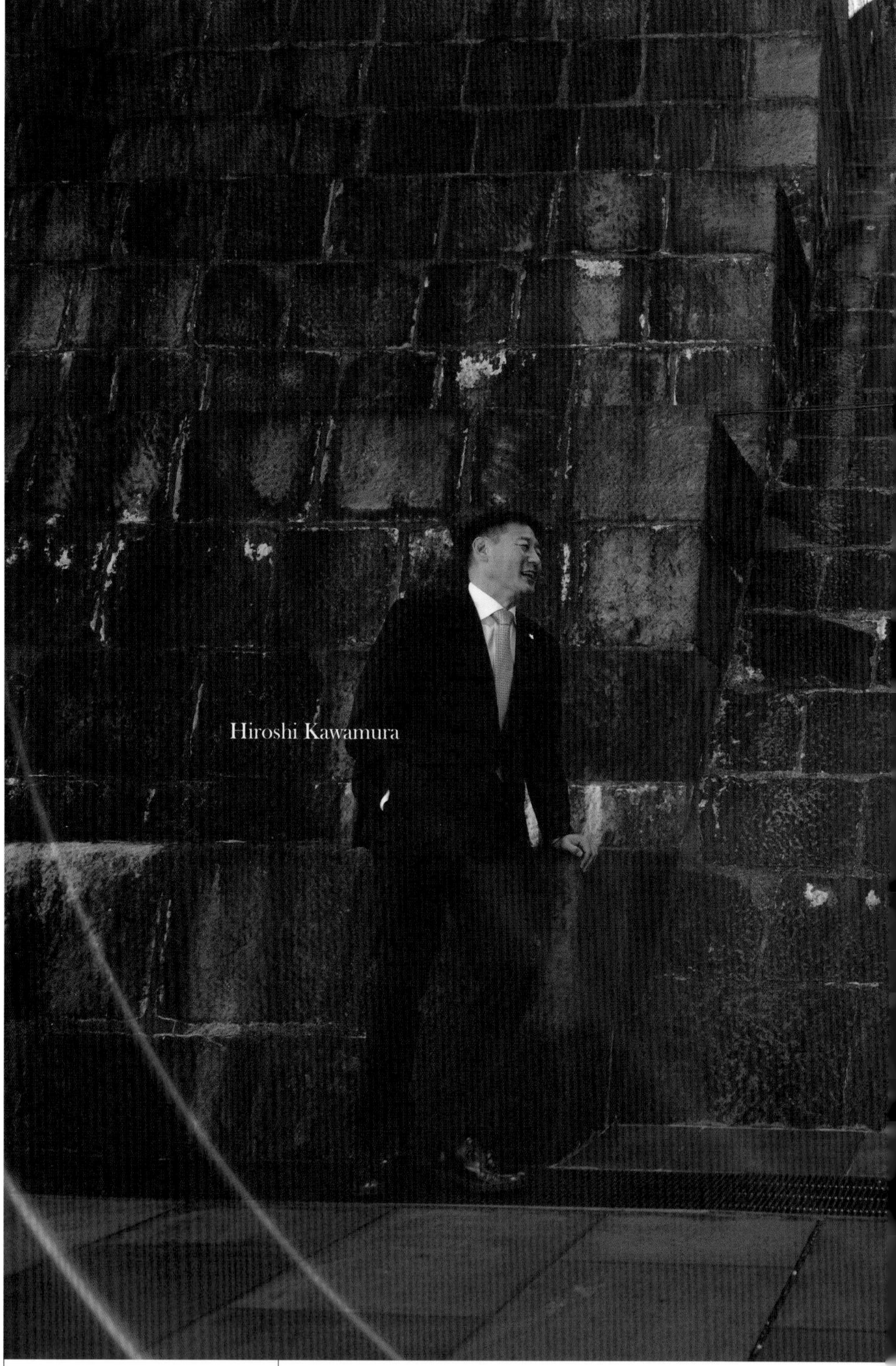
Hiroshi Kawamura

新造客船の進捗は今どんな段階でしょうか？

河村洋執行役員（以下役職略）：事業の拡大継続のために、もう1隻必要という話は以前からありました。私が2015年に日本郵船の客船事業グループ長をしていた時にも新造客船の検討はしており、その時は契約締結直前まで話は進みましたが諸事情により実現には至らなかった経緯がありました。その後も新造客船の検討を続けていましたが、2019年にアンカーシップパートナーズを株主に迎えてから、再び具体的な検討に入ることになりました。

歳森幸恵室長（以下役職略）：新造客船のロードマップ的には、2023年がスタートプロダクション（建造の着手）になりますね。その手前までは設計の段階、今は設計の手前で、いろんな思いを語ったり、何をどういうふうにしようかと考えたり、デザイナーとまとめていく作業をしています。客室でいえばバルコニー、スイートなどのCGや、レイアウトが完了、その後はパブリックスペースを進めています。造船所が確認してフィードバックしてくるので、それに日々対応しながら、限られたスペースを有効に使えるように皆で考えています。建造というのは造船所とデザイナーを決めれば、すんなり進むと思っていましたが、今回関わってみてそうではないと分かりました。ギャレーはレイアウトや動線を考えるギャレーコンサルタント、ライティングやセキュリティなども別に専門家が必要になりますので、それぞれのパートでコンサルタントとのやり取りをしています。

河村：今は新造客船の専任スタッフはいませんが、最盛期になると協力会社のサポートを含めて

河村 洋
郵船クルーズ 執行役員

1989年日本郵船入社。客船事業G長を経て現職。現在、管理部、ホテル部、新造客船準備室担当。時間があれば、ラグビー、ポタリングか南房総でシーカヤックを楽しんでいます。

※取材時のみマスクを外しております。

2025
A3 project
is
in progress

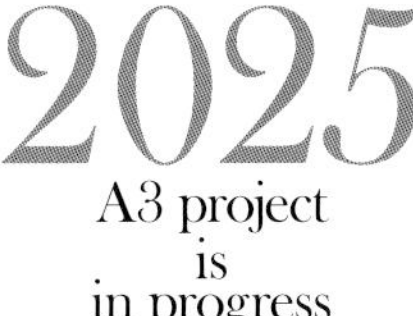

Yukie Toshimori

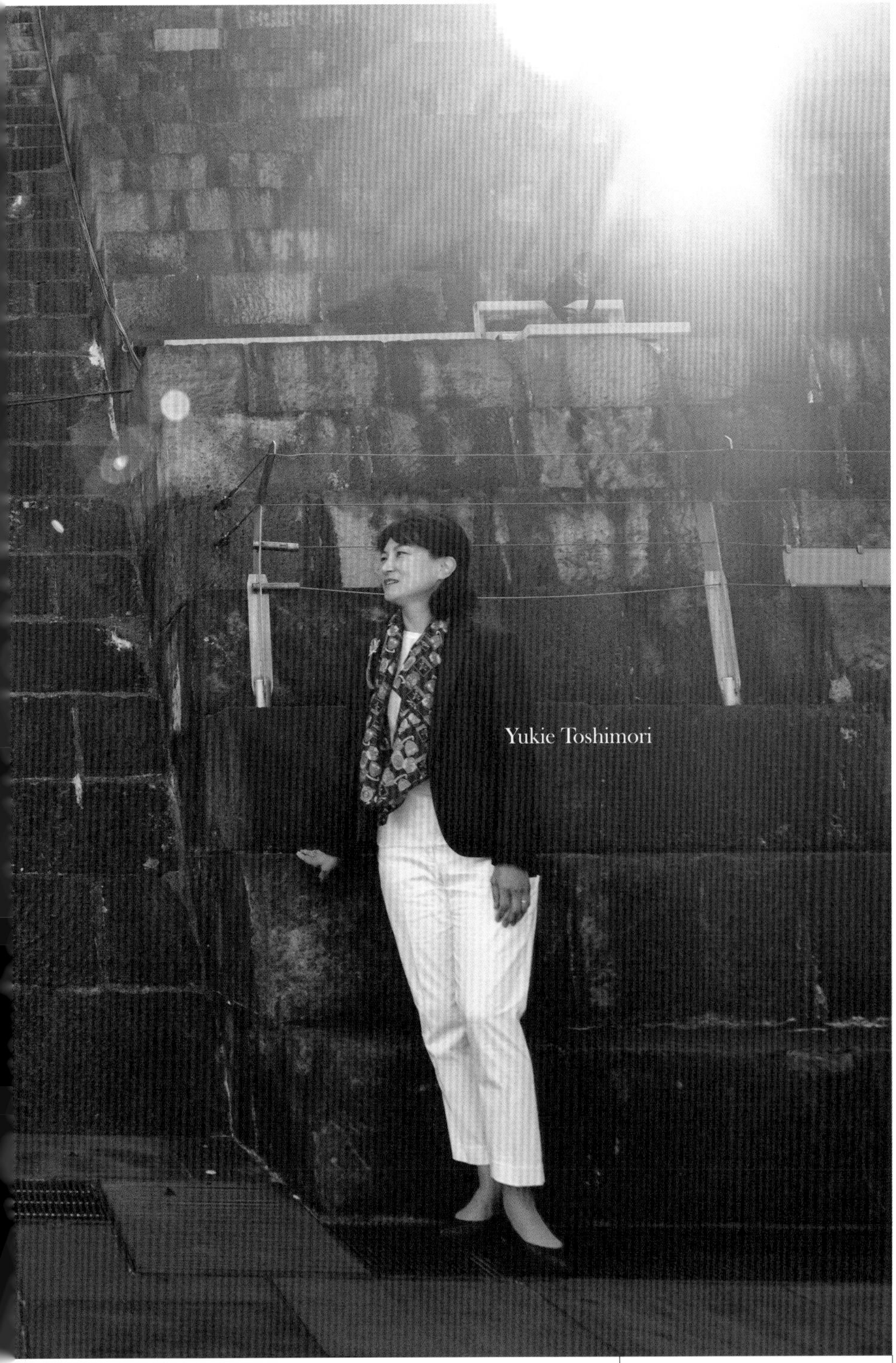

郵船クルーズ本社がある横浜ランドマークタワーの下の「旧横浜船渠第2号ドック」を復元したドックヤードガーデンにて。

多分60人ぐらいは関わるのではないかなと思っています。当社で最後に客船を造ってからもう30年以上たちます。昔の10年と今の10年では進化のスピードが全く違い、特に技術面は格段の進化がありますので、そういう意味では非常に苦労しつつ勉強しながらの毎日ですね。客船デザインのプロフェッショナルであるSMC社とは前回の検討時も入ってもらっていました。今回もコンペの上で彼らを選ぶことになり、気心知れた存在なのでいろいろ助けてもらっています。

歳森 幸恵
郵船クルーズ 新造船準備室長

2011年女性が作るクルーズプロジェクトを担当。以来、社内プロジェクトや2020年改装プロジェクトを担当し、現在は新造船準備室長。漢方養生指導士の資格を取得。

歳森：船名は2022年度の間に決定、発表を予定しています。今は「A3」とコードで読んでいるので、それが飛鳥Ⅲになるのか、飛鳥になるのか、また別の名前になるのかを早めに決めて、名前を呼びつつ愛着を持って育てていきたいですね。デビュークルーズについてはおそらく就航1年前ぐらいには発表になると思います。

今までの客船と比べて大きく変わる部分はどこでしょうか？

河村：客室一つ一つが広くなりますので、客室内でゆったりとお過ごしいただく時間というのが従来と比べて多くなるのかなと思います。
歳森：お客様の年齢層は若干若返るかもしれませんね。なぜならある程度仕事ができるぐらいのWi-Fi環境が整う予定なので、そうするとワーケーションのように、ちょっと仕事しながら世界一周できるようになりそうです。昔は、リタイア後の目標としての印象が強かったのが、もう少し手前で行けるクルーズになるかもしれません。
河村：現状は色々な制約によりWi-Fiのスピードが遅めの高軌道衛星を使わざるをえませんが、5

年後には中軌道衛星を使えるようになるだろうと考えて、より通信速度のあるWi-Fiの実現を検討しています。個人的な体験を申し上げると、瀬戸内海航行時は陸の電波が問題なく拾えるので、業務乗船時にはリラックスした格好で、プールデッキでコーヒーを飲みながら、サングラスをかけて仕事をしています(笑)。どこにいても、このような環境がA3でご提供できることを目指しています。

歳森：今はテレワークも増え、仕事をする環境に対する考え方も変わってきました。船の中で、客室やパブリックなどいろいろな場所で、日常と違う環境で仕事できたら、リフレッシュした感覚でいい仕事、アイデアが湧くような仕事ができると思います。世界一周の話でいうと、今まではアンカー（錨）を打つ必要があった港も、A3では、船体制御が可能なダイナミック・ポジショニング・システムがあるので、今まで行けなかった寄港地にアプローチできる機会が増えますね。

河村：ほかの大きな変化としては、エコクルーズ船として、LNG（液化天然ガス）対応、陸上電源の供給も可能になります。実は最初はLNGを入れる予定はありませんでしたね。

歳森：中型客船でLNGタンクを入れている船は

Special Interview with Hiroshi Kawamura & Yukie Toshimori

おそらくないですね。貴重なスペースをつぶしてLNGのタンクを積んだというのは、自己犠牲の精神というか、ある意味革新的、環境に対応した客船にしようとした心意気の現れでもあります。

河村：経済合理性だけを突き詰めるのではなく、未来を考えた客船を目指すという形ですね。本

当の意味でのSDGsというのは、ハードではなくソフトの部分、個の観点が大きいのではと思っています。我々がお客様と一緒に、世の中、世界を良くしていこうという視点を共有できる船にしていきたい。

歳森：船でどうやってゴミを減らしていくのか、例えば、船で出た生ゴミを再利用するため、陸揚げして肥料にしてそれで野菜を作るようなことはできないかとか、環境面でのさまざまなアイデアを出し合っているところです。

施設やサービス面で候補に挙がっているアイデアはありますか？

歳森：施設面で今回考えたポイントとしては、一

2025
A3 project is in progress

左_新造客船のデッキプランを前に、船の特徴を語る河村役員。

下_新造客船プロジェクトの詳細な工程表を前にした歳森室長。

つの施設で一つのことしかできないのではなく、複数の顔を持つスペースにしたいということです。例えば、昼間はカフェで、夕方になったらウエイティングバー、夜になったらライブショーができるというふうに、限られたスペースをより有効に使えるようにしたいですね。ラウンジやバーなどは細かく数えれば15カ所くらいのスペースを用意しています。パブリックスペースが広いので、カフェはたくさん種類があり、図書室機能のあるブックカフェ、ビスタラウンジのような眺望のいいカフェ、客船の歴史のような展示があるヘリテージコーナー的なカフェも、ツアー担当者や寄港地紹介ができるトラベルカフェなど。プライベートパーティーができるようなスペース、プールバーなども予定しており、いろいろなシチュエーションを考えられ

る楽しい場所にしたいなと思います。

食については、日本のさまざまな名店の味を、代わる代わる味わえるレストンにできたら、と話しています。例えば半年毎にレストランが入れ代わるスタイルもいいですね。

河村：ゴルフのプロコーチとゴルフをするクルーズを企画したこともありますが、新造客船には最新型のゴルフシミュレーターが入る予定です。

A3 Basic plan

2025年、新造客船A3はどんな船になる？

サイズは？

総トン数：51,950トン、全長：228.9m、全幅：240.9m、乗客定員：約740名、乗組員数約470名 。

コンセプトは？

和のおもてなしに最新のテクノロジーを加えた「飛鳥ラグジュアリー」を提供。乗組員数をほぼ維持したまま、乗客定員を「飛鳥Ⅱ」の85%程度に絞り、より快適な船内空間を実現。

主な特徴は？

全室バルコニー付きで、飛鳥Ⅱでも人気の露天風呂を搭載。環境負荷軽減などのため、LNG（液化天然ガス）に加えて低硫黄燃料、ガスオイル燃料の3種類の燃料に対応するエンジンを中型客船で初めて搭載。
投錨なしで船の位置の制御を可能にするD.P.S（ダイナミック・ポジショニング・システム）を日本の客船で初めて採用。

感染症対策に配慮した設備は？

100%外気取り込み方式の換気システムを装備、高性能フィルターやイオン殺菌装置、タッチレス対応エレベーターなどの設置。

新造客船の文化的な要素で新しく考えていることは？

歳森：飛鳥に乗った後の、皆さんの人生が豊かになるようなものを船上で提供していきたい。ウェルネスに配慮するアクティビティや、カルチャー面では専門家によるセミナーなどもさらに充実させたいと思っています。

河村：お客様へ感動をお伝えするだけでなく、もう一つ重要視していることがあります。それは、飛鳥という船が「人・もの・こと」が出会い、つながり、結ばれ、新しい価値観が創造される場であってほしいという思いです。これまで文楽、歌舞伎、宝塚などイベントとして登場させてきましたが、今後その裏側、伝統を支える存在に光を当てたいと思っています。歌舞伎や文楽には伝統工芸の技術を生かした道具が必要で、その工芸技術を持つ人がいなくなってしまったら芸能自体なくなってしまいますね。飛鳥というのは日本の船ですから、新造客船に向けて日本独自の文化の継承も力を入れてプロモートしていきたいと思っています。

Oveaseas A3 Project

2025年に向けて、海外でプロジェクトが進行中

photo by SMC design, Meryer Werft

新造客船のデザインを担当するイギリスのSMCデザインと、建造を担当するドイツのマイヤーベルフトからのメッセージを紹介。

ロンドンにあるSMCデザインのスタッフたち。

From SMC Design

時代を超えた飛鳥ブランドらしいデザインを

SMCデザイン

ロンドンにある海事関係のデザインスタジオ。マネージングディレクターのアンディ・ユイル氏は1989年から30年以上客船デザインに携わり、クリスタルクルーズのほか、キュナード、ロイヤルカリビアンインターナショナルなど多くの世界の客船を担当。

新造客船（A3）の全体的なデザインコンセプトは、パーソナルで革新的、ユニークでラグジュアリーな体験を提供することです。単なる旅の手段ではなく、A3自体が目的地といえます。個性的なインテリアとデザインの船内は、人々が交流でき、リラックスできるオアシスとなります。自然とのつながりを感じさせる環境と、モダンな居住スタイルの組み合わせは、クルーズの可能性を現代的に表現したものであり、初めての乗客にも乗船経験豊富なリピーターにも魅力的なものとなるでしょう。A3では従来の飛鳥らしさを反映しつつ、革新的で魅力的なデザインを融合したブランドの創造を目指しています。

バルコニー客室には、大きなウォークインクローゼットと、造り付けのシンクが設置されており、少し長めのクルーズでも使いやすい客室となるでしょう。また、全て客室は光の差し込む空間が魅力的な、モダンなインテリアスタイルで、快適さと安心感を提供します。明るく広々と感じられる室内に厳選された家具を配置、あらゆる場面でリラックスして過ごせることと思います。

マネージングディレクターのアンディ・ユイル氏。

2025
A3 project
is
in progress

現代の乗客が求めているのは、もはやありきたりのクルーズではないと思います。「飛鳥」というブランドとのつながりを感じさせる旅、より豊かな人生を目指すことができる体験を求めているのです。

SMCでディレクターを務めるアンドリュー・ブラウン氏。

私たちの目標は、飛鳥のブランド・アイデンティティを象徴するような、時代を超えたオリジナルのデザインを創り出すことです。このプロジェクトは、最初のコンセプトデザインの段階から、詳細設計の成果、そして最終的な現場での完成に至るまでの全てに愛着を持って取り組んでいます。日本郵船や郵船クルーズ(NYKC)、マイヤーベルフト、そして専門のコンサルタントと密接に協力し、設計と運用においてあらゆる要望を満たすプロジェクトを成功させ、乗客にとって忘れられないクルーズ体験ができる船を目指します。

SMCデザインのマネージングディレクター、アンディ・ユイルは、クリスタルクルーズをはじめキュナード、サガ、ノルウェージャンクルーズライン、バイキングオーシャンクルーズなど多くの客船デザインのプロジェクトに携わってきました。SMCにとって最も重要なことは、クライアントの要望を理解し、彼らの夢と我々の創造性を表現するデザインを生み出すことです。再びNYKCと仕事ができることを嬉しく思い、今後のデザイン開発とA3の完成を楽しみにしています。

From Meryer Werft

質の高い エンジニアリングで 革新的な新造客船を

A3を建造するマイヤーベルフトのプロジェクトは、特別な乗客のための素晴らしいデザインの客船を目指しています。この困難な時代に同プロジェクトを受注できたことは、クルーズビジネスにも造船所にもまだ大きな未来があることを示しています。マイヤーベルフトは、ドイツの高い品質のエンジニアリングで世界的に知られています。この船には、最新の環境に配慮した技術が設計に取り入れられています。マイヤーベルフトが日本の船主のために客船を建造するのは初めてのことです。NYKCとの協力関係は良好で強力なものであり、船の開発は計画通りに進んでいます。ドイツと日本の文化は異なりますが、お互いに高品質、納期厳守、革新的なエンジニアリングを持つという点でマッチしています。プロジェクト責任者ステファン・シュミーズ氏は「新しいデザイン、新しい船、そして多くのイノベーション。これが我々の日々の原動力です。A3のために革新的な新しい技術で設計・建造しています。ニーズに合ったパーフェクトな新造客船を、ドイツのエンジニアリングで届けることを楽しみにしています。そのために日々、努力とモチベーションを持って取り組んでいます」と語っています。

マイヤーベルフトのステファン・シュミーズ氏。

屋根のある作業所で
工期を予定通りに進めやすい
マイヤーベルフト。

マイヤーベルフト

1795年に設立したドイツのパペンブルクにあるマイヤーベルフト)は、世界の有名客船を数多く建造している。取締役でもあるステファン・シュミーズ氏は、造船所のプロジェクトマネジメントを担当。

Staff Interview

飛鳥スタッフが語る 新造客船A3 への思い

text & photo by Nami Shimazu

30周年記念クルーズ中の飛鳥II船上で、
新造客船準備のための意見交換を行うチーム
「タスク・フォース」のメンバーを中心に
新造客船への思いを伺った。

Wi-Fiを活用して より効率的に 安全航海を

機関長
中野孝昭
Takaaki Nakano

新造客船建造を願っていたので発表を知ってほっとした気持ちです。1995年頃のクリスタルハーモニー勤務時代はポケベル、今はPHSを使って乗組員と連絡を取り合っていますが、新造客船ではWi-Fi環境がバージョンアップすると聞いています。例えばタブレットを使って、機関や航海情報のモニタリングや、メンテナンス情報などの共有をスムーズにして、安全や整備の面で迅速に対応できるようにしたいです。

お客様の想像を超える サービスを提供する 日本一の客船に

プロビジョンマスター
野村 豊
Yutaka Nomura

学生の頃、初代飛鳥を見かけてから憧れの存在で、実は自分の誕生日は初代飛鳥と一緒なんです。飛鳥II就航のタイミングで入社、新造客船で働くのが長年の夢だったので本当にうれしいです。日本一の客船として、ぶっちぎりのナンバーワンになりたいです。お客様の想像を超えるサービスを提供したいですね。我々の管理すべき食材や消耗品は何万点とありますので、管理もよりしやすい船にできたらとアイデアを出し合っています。

効率が向上しても ヒューマンタッチを 大切にしたい

チーフパーサー
吉田匠吾
Shogo Yoshida

入社して初めての勤務は2010年世界一周、飛鳥II初乗船が5月7日のイスタンブール乗船からで出港風景は忘れられません。新造客船でやってみたいことは新しいインフラの導入で、お客様が事務手続き関係にかかる時間を短くしてあげられたらと思っています。乗船したら最大限、楽しむことに集中できる船を実現できたらうれしいですね。システムが次世代になっても、お客様との直接の会話を大切に、「ヒューマンタッチ」は残したいですね。

新造客船の ショップやサロンでも 自分へのご褒美を

ショップマネージャー
根本怜佳
Reika Nemoto

新造客船に自分のアイデアを盛り込んでいけるのがうれしく、完成したら誇らしい気持ちになると想像しています。ショップについてはデザイン性を損なわないように効率性を重視し、ディスプレイできる商品の量やバランスを考えながらアイデアを提案しました。サロンでは最新の美容機器などもとりいれていけたらいいなと思います。テーマの一つである「自分へのご褒美」を感じていただけるようなショップやサロンにしていきたいです。

※取材時のみマスクを外しております。

A3は船旅を
アップグレードします。
私たちも心待ちに
しています

from ASUKA II

2025
A3 project
is
in progress

それぞれのバーで趣の違った雰囲気を出したい

アシスタントメートルドテル
鹿郷真樹
Masaki Kakyo

最近携わったことの一つとして、飛鳥30周年を記念して30種類の抹茶や柚子など日本の食材にこだわったボタニカルジンのオリジナルをつくりました。A3のバーは飛鳥II以上にメインバーらしい雰囲気をはじめ、それぞれのバーによって趣の違う雰囲気を出せたらと思います。海外向けを改装した飛鳥IIと違い、A3は最初から日本人仕様で建造できるので、例えばバーの椅子の高さなども日本人のサイズに合わせたりできたらと希望しています。

飛鳥ブランドにふさわしいエンターテインメントを

テクニカルディレクター
木村慎吾
Shingo Kimura

新造客船は何十年も運航する船だと思うので、今流行のものをすぐ取り入れるのではなく、長年愛されるような、飛鳥ブランドを背負ったコンテンツを作らなくてはいけないと考えています。よく新造客船にあるLED液晶があればいいとうものではなく、あえて付けない選択肢もあると思います。飛鳥の長所でもあるエンターテイメントのバラエティの豊富さや、ロングクルーズでのお客様同士の親交や絆を深めていただくイベントなども引き続き大事にしていきたいです。

さらなるサービス向上のため乗組員の育成も

ハウスキーピングマネージャー
和田 崇
Takashi Wada

船の就航というと、飛鳥IIでもいろいろな機器の初期設定などの細かい作業をしたことを思い出します。新造客船では一つの施設で複数の機能を持たせる「デュアル・ファンクション」もテーマ。乗組員の育成面でも"多機能"を考えていきたいです。例えばウエイターのサーブを効率的にするために、ハウスキーパーがディナーのエスコートを担当するなどの試みはすでに始めていますので、A3ではさらにサービス向上のための実践をしていきたいですね。

そこで郵船クルーズの「新しい客船でやってみたいこと」を聞いてみました！

期待が高まる新しい客船。
そこでひと足早くクルーズファンの皆様に、
この新しい客船でどんなことをしてみたいですか？ と聞いてみました。
寄せられたコメントから、
これは！ というものをご紹介します。

読者の皆様はどんな夢を膨らませますか？
2025年が待ち遠しいですね。

◉アンケートは2021年10月19日から11月10日の間にCRUISE Traveller公式サイトならびにフェイスブックにて実施いたしました。
◉ファンの生の声を大切に、原則、船名・施設名なども含めて投稿コメントをそのまま掲載しています。
◉掲載させていただきました方には「飛鳥Ⅱオリジナルカレンダー」をお送りさせていただきます。ご協力ありがとうございました。

Passen

寄港地に着いた時に降りて観光もいいですが、寄港毎にバルコニーから見える景色をスケッチして一度も下船せずに**世界一周寄港地スケッチ三昧！**がいいですね☆　勿論、寄港地に降り立っての世界一周クルーズを一度経験した後ですが (　￣　▽　￣　)b

— YFさま

世界一周クルーズでぐるりと地球をまわってタヒチに行きたいですね。
デッキでウクレレ弾いてアロハシャツ着て**マイタイをタヒチブルーの海見ながら飲みたい**ですね。

— RKさま

2025年に**金婚式を迎える両親に**「新しい飛鳥のクルーズ」をプレゼントしたいで～す。

— MMさま

新しい飛鳥のダンスフロアで**華麗にダンス**を踊りたいです。そのために今からダンス教室に通って計画的に練習したい！

— NSさま

飛鳥Ⅱでフィリピンクルーにいつもよくしてもらうので、新しい飛鳥では**片言のフィリピン語でやりとり**してみたいです。

— GIさま

できたての飛鳥のプールで泳いでみたいので、
デビューしたら**南半球に向かうクルーズ**に行きたいと思っています。

— NSさま

新しい船だと、各港で入港セレモニーがあるのかな？ **熱烈歓迎**でお迎えされたい♫

— CSさま

とにかく読書、今までの分を取り返す。集中したいけどダメかな。
一人になれるスペースはマストでお願いします。
— HTさま

新しいレストランにも期待。船内で美食ざんまい、逆ライザップして家族に呆れられる。
— KIさま

新しい飛鳥Ⅲで世界一周、もちろん仕事は舟のうえから。
優越感に浸る嫌な上司ですね。(早いWi-Fi希望)
— TSさま

展望風呂から世界の海を見比べる。
— MMさま

新しい飛鳥に一番乗りしたい。それだけで満足です。
—NTさま

大好きな「軽井沢のセンセ(編集部註：故作家内田康夫氏)」気分で新しい飛鳥をインスペクション。
— YHさま

これに乗れば、初代飛鳥から3代にわたるお付き合い。
新しい飛鳥に乗って、主人と最初に乗った頃を思い出したい。
— CSさま

いろいろなサイト情報ではゆったり空間となるみたいだから、好きな場所で読書でしょうか。
(図書室は広くなり、本も増えるのでしょうか?)
— KSさま

新しい飛鳥からは、もう何もしないスタイルに変更するぞ! ショーや観光ツアーは卒業。
できないだろうな。(笑い)
— SFさま

ヨットマンのダーリンに、今までありがとうサプライズをあえてデビュークルーズ船上で。
— AYさま

とにかく新しい船で新しいパワーをもらいたい。元気になる船上企画お願いします。楽しみにしています。
—TNさま

来年生まれる孫を連れていく。新船で思い出づくりしたい。
— TTさま

結婚式で〜す。
— SMさま

ger ship lovers

飛鳥クルーズ
30周年を祝う
アニバーサリークルーズ

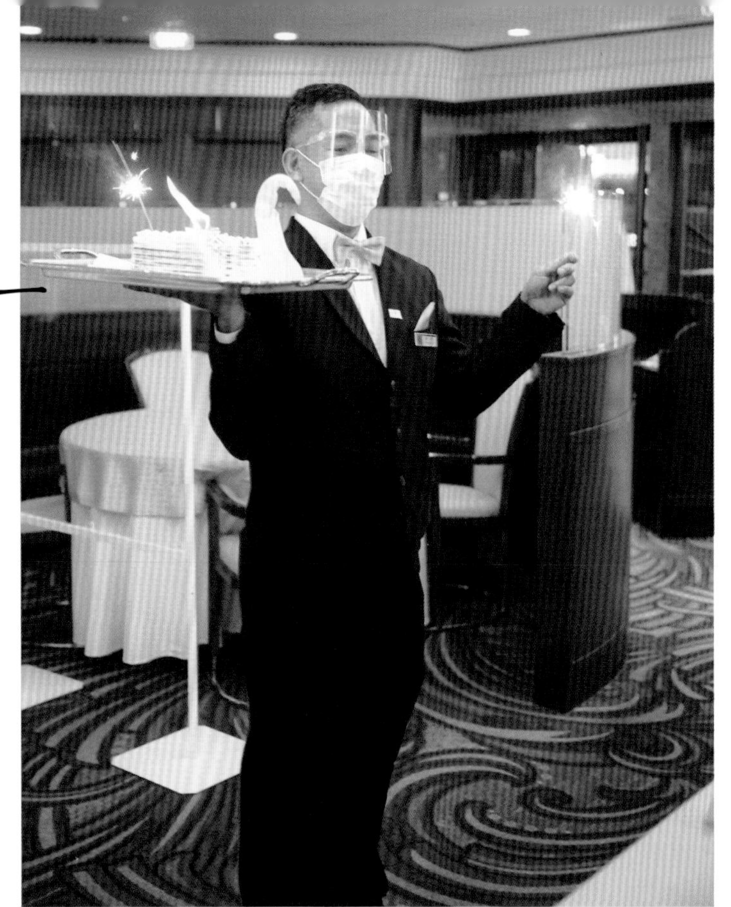

ASUKA 30th Anniversary

2021年10月に実施された「30周年アニバーサリークルーズ 3days」
乗船中の10月28日に飛鳥クルーズの誕生日も迎え、
幡野・中村両キャプテンのトークショーや30周年記念ディナーなど
華やかに飛鳥の30周年を祝ったクルーズの模様をお届けする。

文／上田寿美子 text by Sumiko Ueda　写真／上田英夫 photo by Hideo Ueda

上_花火も鮮やかなベイクドアラスカ。懐かしい演出に拍手！
下_歴代船長からのお祝いメッセージがアスカプラザのスクリーンに。

1

2

思い出に
花を咲かせる
船長たち

3

4

10月27日から2泊の「飛鳥クルーズ30周年アニバーサリークルーズ 3days」が催行され、船内では多種多様な記念イベントで飛鳥クルーズの歩みを回想した。

飛鳥クルーズの30歳の誕生日10月28日には「キャプテントークショー」。5代船長幡野保裕氏と8代船長中村大輔氏の対談はミッドウエイ初上陸の秘話や、日食クルーズの裏話など、経験豊富な船長ならではの話で盛り上がった。

多くのファンが全船長の名前を言えるほど、飛鳥クルーズの船長たちは看板役者的存在でもあった。そんな歴代船長をテーマにしたカクテルは飛鳥クルーズの名物のひとつ。各船長の好みの酒、色、個性などを基に生み出したカクテルには、一人一人のキャプテンの面影が宿り、飛鳥Ⅱに乗船した時には「今夜は○○船長」と注文するのも楽しみの一つだ。

5

6

1_江頭さんの司会でベテラン船長2人がトークショー。
2_「30周年記念キーホルダー作り教室」に参加。
3_伊東ゆかりコンサート。素敵な歌声が会場を魅了。
4_久しぶりのフォーマルナイト。心も明るく華やかに。
5_メランデ・ピアノ三重奏楽団特別コンサート。
6_横浜港に着岸。記念クルーズのキャプテンは小久江船長。

Withコロナ時代の フォーマルナイト 伊東ゆかりLive in 飛鳥

誕生日の夜のドレスコードはフォーマル。日本船でフォーマルウエアを着るのは何年ぶりだろうか?しかも、下火になったとはいえ、まだコロナ対策の制約がある中で、どんなフォーマルナイトになるのだろうか?そんな気持ちでアスカプラザに降りると、シックなタキシードやイブニングドレス、洒落たスーツやカクテルドレスで、久しぶりに花が咲いたような麗しさ。マスク着用ではあるが「新しい洋上文化」を標榜し、スタートした飛鳥クルーズの歴史と、乗客がこのクルーズに寄せる思いを感じた。食前酒はパームコートで飛鳥ジントニック。紫色に変化する魔法のジントニックを

※取材時のみマスクを外しております。

1

2

3

30周年に ふさわしい 美食の宴

4

5

飲み、アスカコンボの演奏を楽しみながら、近い将来、クラブ2100でドレスの裾を躍らせながらダンスが可能になる日を夢見た。

やがて、フォーマルナイトのショータイム。

今回のゲストエンターティナーは、伊東ゆかりさん。飛鳥クルーズには2001年から12回も乗っているという。初回は、中尾ミエさんから「ゆかりは人と話すのが苦手なのに、船の仕事を引き受けて大丈夫?」と心配されたそうだ。ところが、実際にやってみると楽しくて、ペラペラ喋れるようにもなり、それがきっかけでライブの仕事をするようになったという。ショーでは、「センチメンタルジャーニー」など旅に因んだ洋楽や「小指の思い出」などのヒット曲を熱唱し、拍手喝采。「私の新しい面を引き出してくれた飛鳥クルーズに感謝しています」という言葉で素敵なステージを結びあげた。

6

7

1_新しく考案された和牛フィレ肉のポワレ シャリアピン風。
2_花畑の如く美しい平目ブルーキュイと彩り野菜サラダ。
3_流行のマリトッツオが朝食に登場。可愛い表情に和む。
4_香り高くリッチなスープ・カプチーノ風マッシュルーム。
5_記念ディナー担当の西口総料理長(左)と瀧総料理長(右)。
6_生ハムやチーズなどが楽しめる人気のアスカバル。
7_記念ディナーとコラボした、日本のグレイスワインなど。
8_幡野船長(右)&中村船長(左)(中央は筆者)。

進化する料理とサービス 二人のシェフのコラボレーション

ここ数年、飛鳥クルーズの料理の進化は目を見張るものがある。手の込んだメニュー、奥深い味わい、繊細な盛り付けは食べる楽しみを増してくれる。同じことがサービスにも言える。フィリピン人ウエイターのサービスも格段に向上し、今では、心遣いが伝わるサービスを確立。ワインをボトルで頼んでも、注ぐタイミングや温度などに気

9

10

11

12

13

歴代
キャプテンの
美しいカクテル

9_海を愛す4代山田登船長。ブルーキュラソー、ウオッカ等で海を表現
10_酒の苦手な5代幡野保裕船長のカクテルは紅色のノンアルコール。
11_8代中村大輔船長はカッサーシャ&ライム。「大」の飾りが目印。
12_11代小久江尚船長好みのブランデーベース。レモンが爽やか。
13_13代赤松憲光船長が愛飲するマンハッタンをアレンジ。

8

を配ってくれるので料理が一段と美味しくなる。

「30周年記念スペシャルアニバーサリーディナー」は、10代目総料理長の西口雅浩氏と11代目総料理長瀧淳一氏のコラボレーションディナー。伝統の料理に加え両シェフのスペシャリテで組んだコースは「人参と雲丹のフラン 飛鳥Ⅱ特製コンソメジュレ」「カプチーノ風マッシュルーム、ポルチーニのクロケット」「平目のブルーキュイ」と進み「伊勢海老のコンソメで煮込んだ焼き白菜、祝い鶏のロティ燻製パルミジャーノ」は、瀧総料理長の創意工夫により、食べ進みながら味に変化を加えていくのが斬新だった。そして肉料理は西口総料理長のおじいさまが考案したシャリアピンステーキを今回のためにアレンジした「黒毛和牛フィレ肉のポワレ シャリアピン風」。サーロインではなくフィレ、ステーキではなくポワレにした一皿は現代的でヘルシーな絶品の味。さらに1990年代の多くのクルーズで、最後のフォーマルディナーに行われた懐かしい「ベイクドアラスカパレード」が、記念ディナーのフィナーレを飾った。

飛鳥クルーズ就航35年は2026年になるが、その前年の2025年には新造客船のデビュー計画もある。世界レベルで、かつ、多くの日本人のあこがれる飛鳥クルーズが未来に向けてさらなる発展を遂げることを祈りたい。

SHIP DATA

船名:飛鳥Ⅱ
運航会社:郵船クルーズ
総トン数:50,444トン
全長/全幅:241/29.6メートル
乗客定員:872名
乗組員数:約490名
就航/改装年:2006年
問い合わせ:郵船クルーズ
https://www.asukacruise.co.jp

※取材時のみマスクを外しております。

1

Cruise Resuming Report

運航再開！
安心に楽しむ
AMAのリバークルーズ

Veronica Katada

2021年7月からクルーズを再開した
美食とサービスで人気のリバークルーズ会社、
アマウォーターウエイズの再開クルーズに乗船。
感染症対策を徹底し、安心して乗船できる
アマクリスティーナでの明るい陽光にあふれる
ローヌ河クルーズをリポート。

文・写真／堅田ベロニカ text & photo by Veronica Katada

2

3

1_早朝、川面をすがすがしい空気が流れ、再開クルーズがアヴィニョンを出港。 2_全面ガラスのフレンチバルコニーとアウトサイドバルコニー。 3_桟橋のテントで検温&チェックイン、荷物は消毒してから部屋にお届け。

4

5

毎日のサービスに
おもてなしの心が伝わる
アマクリスティーナ

6

7

アマウォーターウエイズは2020年7～11月、プロトコールを実践しながら、コロナ感染者を1名も出さずにクルーズを運航できた船会社だ。同社のコロナ対策は乗船前も乗船後も徹底していて、船内を移動するときは必ず指定の不織布またはN95/KN95マスクを着用。飲食以外で着席している以外はマスクを着用が基本で、クルーはもちろん、乗船客も全員そのことを守っていた。

感染対策のため食事のビュッフェやセルフサービスが無くなり、基本的に着席してから食事が運ばれるが、料理を見て選ぶ楽しみを提供できる工夫もされていた。朝食のフルーツ、ナッツ、シリアル類、ヨーグルトなどが、少量のかわいい蓋つきのガラスの器でお店のように並べられていた。それを見た瞬間、思わず笑顔になり、わく

8

9

10

4_スタッフ総出で笑顔のお出迎え。クルーズ再開はクルーもうれしい。 5_タクシーからアマクリスティーナ号が見えた時、心が躍った。 6_定員の70%で運航、レストランの席も余裕で安心。 7_昼食と夕食にペアリングしたワインは白、赤、ロゼ、お代わり自由。 8_クルミでクラストした子羊のロースト。美食の騎士団シェーヌ・デ・ロティスール会員ならではの一品。 9_美味しいデザートが毎日！ 食事がさらに楽しくなる。 10_朝食はビュッフェでなくなったが、選べる楽しみはそのまま。

1

2

3

1_ ローマ人が建造したポン・デュ・ガール水道橋は、圧倒的な存在感だ。 2_グリニャン城から見下ろす森に心が休まる。 3_世界遺産アルルのローマ円形劇場は、入り口でワクチン接種済証明書を提示。 4_アルデッシュ渓谷を1903年製の蒸気機関車の牽く列車で観光。 5_リヨンのノートルダム大聖堂でしばし佇む、静寂に身も心も洗われる。 6_ボジョレーのブドウ畑でワインの説明を聞く。

4

夏の陽光に満ちた 南フランスを 観光できる喜び

6

わくして選ぶのがとても楽しかった。

昼食ではサラダバーの代わりに、4〜5種類の前菜のセットと焼き立てのパン、バターとオリーブオイルを用意。空腹で着席してメニューからオーダーを取る間、小腹を満たしながら料理が運ばれるのを待つので、今までのサラダバーが無くなっても満足できるようにとてもよく考えれられたおもてなしだと感じる。料理は相変わらずとても美味しかった！

昼食と夕食はワインを自由に飲むことができて、常に白、赤、ローゼのチョイスがあり、ワイン担当は丁寧に説明して料理に合うものをすすめてくれた。

客室での一番のお気に入りポイントは、BBカテゴリー以上のバスルーム。部屋との間の窓がワンタッチで窓がスクリーンに変わるので、バスルームから外の風景を見たいときにはガラスにして、プライバシーを守りたい時はスクリーンに変えることができる。全面床から天井まで窓なので、バスルームの窓を通して外の風景を楽しめて、とても開放的。

5

寄港地での観光については、乗船人数を定員の70%に抑えているだけではなく、観光に出る時のグループの最大の人数も減らしているので、各バスも定員70%で移動、寄港地では少人数のグループに分かれて行動する。観光に参加するときは、全員ヘッドフォンを通してガイドの話を聞くので、お互い距離を保つことができる。寄港した各地では、観光客をとても歓迎してくれたので安心した。7月のアヴィニョン、アルル、リヨンではそれぞれ常連の演劇や音楽祭が2年ぶりに開催されていた。街の雰囲気もとても盛り上がっていて、お土産屋も営業していて、徒歩観光を楽しめた。南フランスの日差しを浴びながら観光ができる幸せを実感した。

AMAではクルーズ終了前に船内のキャビンを1室PCR検査用に準備して、検査ラボの検査員が船内で希望者の検査をしている。陰性証明書も各国の規定に合わせて発行してくれるのでありがたい。観光に支障がない時間帯で希望者全員が検査を受けられた。今回のクルー

7

8

9

10

未来に向けた リバークルーズの 旅先の開拓も

ズでは全員が陰性だったことを皆で祝った。

再開後の初クルーズは、スタッフの仕事の負担が増えているのは目に見えて、感謝の気持ちが大きかった。乗客のプロトコールを守るための心掛けと、クルーやスタッフの日々の衛生管理がこれから安心してクルーズを楽しむために不可欠だと感じた。クルーズは管理された環境で、旅ができる最も安全な手段だと実感した。

このアマウォーターウエイズは共同オーナー3名が設立した会社である。ルディ・シュライナー社長は現在の大手クルーズ会社の米国での地盤を固めた経験があり、その後自分の会社を設立した。設立直後に9.11が起こり、身が引き締まる思いをして、健全な会社を運営したいと、借金無しで船を増やしていく決意をした。そのおかげでコロナ禍の中でも会社を守ることができた。2022年にはヨーロッパで新造船3隻、エジプトで1席を導入予定。2023年には、南米コロンビアのマグダレナ川でリバークルーズを導入する予定で注目される。船のみならず、新しいデスティネーションを開発する予定で今後にも期待だ。

7_ローヌとともに静かに流れゆく景色は、一服の絵画のよう。 8_名も知らぬ小さな村にも心が惹かれる。 9_パンデミックを超えて、ローヌ川は幾千年の時を流れてきた。 10_細心の対応をしてくれたクルーともお別れだ。

SHIP DATA

船名：AmaKristina
運航会社：アマウォーターウエイズ
全長／全幅：135／11.6メートル
乗客定員／乗組員数：156／51人
就航：2017年
問い合わせ：オーシャンドリーム
https://amawaterways.jp/

みなとの風景

Port Scene Graphic
Yoshiomi Goto

天保山（大阪市）

国際都市・大阪の海の玄関口として客船ターミナルもある天保山。天保山マーケットプレースなど観光スポットも多彩な天保山ハーバービレッジにある関西エリア屈指の水族館「海遊館」周辺は夜のライトアップも幻想的。

撮影／後藤義臣 photo by Yoshiomi Goto

TICKETS

みなと
の
風景

帆船型観光船サンタマリア号に乗船。
傾きかけた太陽の中、
大阪港の景色が浮かび上がる。

Port Scene Graphic

ベイエリアを周遊する
サンタマリア号の乗船を待つ間、
鳩に餌をあげる女の子。

45分のデイクルーズ中、
港大橋近くの船上から
景色を楽しむ少女たち。

天保山客船ターミナルには
大阪港に来航した
世界の客船たちの写真が飾られる。

未来のみなと

Future Cruise ship Terminal

これから注目の客船ターミナル

多くのクルーズ客船が登場する近未来。
受け入れ側のターミナルはどう変わるのか？
今回、大きく発展が見込まれる
3つの客船ターミナルに注目し
その未来像を探ってみる。

Osaka
2024

大阪・天保山客船ターミナル

地域のにぎわい創造も担う新時代のターミナルへ

大阪港では天保山（てんぽうざん）岸壁に初めて外国客船を受け入れた昭和62年以降、多くの客船を迎え、令和元年には過去最高となる延べ62隻が寄港したが、従来のターミナルも建築から年数が経過し、また、大型船の寄港時には、スペース不足により入国手続きに時間がかかるケースが増えてきたことを踏まえ、大阪港の玄関口となる新しい客船ターミナルの整備を進めている。新ターミナルは3階建て、1階がエントランスホール、2階が手荷物検査場、3階が入出国審査場となり、現ターミナルの倍の広さに。寄港する船の大きさやCIQ手続きの内容に合わせ、柔軟にレイアウトを変更できるよう可変性のある建物設計としており、さまざまな利用形態に合わせた運用が可能となる。今後成長が期待されるアジア域内クルーズまた日本のクルーズで、大阪港を発着港として利用する、さらに、クルーズ船が定期的に寄港する「クルーズ客船母港化構想」の実現を目指していくという。新ターミナル開業は、大阪・関西万博が開催される2025年の1年前となる2024年を予定している。

上_広い空間を生かして地域と連携したイベントや各種催事によりにぎわいを創出するなど地域をつなぐハブの役割も。大阪の玄関口にふさわしい顔をつくるため、風格と街並みと調和したのびやかで洗練されたデザイン。交通アクセス、周辺観光スポットの存在など高評価のターミナルは、今回の立替でさらに新時代に適合したスポットとして期待される。
下_隣接する水族館「海遊館」や大観覧車などとともに天保山エリアの新たな名所を目指ことが期待される。

文／本郷芳人 text by Yoshihito Hongo

大型観光船ふ頭とあわせ，県民や観光客が憩い、海と触れあえる緑地空間として、さらに災害が発生した場合の対応空間としての機能も期待される。ロイヤルカリビアン社には年間150の優先的な係留利用権が与えられる。

Kagoshima 2024

鹿児島・マリンポートかごしま

急増する外国客船への解決策としての大型ターミナル

2007年のマリンポートかごしまの供用をきっかけにクルーズ客船の寄港が増加し、2015年からは寄港実績が急増していた鹿児島港。2018年3月には16 万トン級クルーズ船が初寄港したこともあり、寄港回数は100回、旅客数は大幅増の27万人を記録した。寄港予約が重複し予約を断らざるを得ないケースが発生していること、客船のさらなる大型化が進んでいること、CIQ施設（税関、出入国管理、検疫）への要望も高いことから、現在、官民連携によるマリンポートかごしまでの国際クルーズ拠点整備が進められている。連携するのは世界第2位のクルーズライングループであるロイヤルカリビアングループ。同社との協業により、新たなターミナルが建設され、大型船2隻の同時寄港が可能になるという。鹿児島は東アジアマーケットの中心である上海、香港に近く、2022年3月末に完成予定の新岸壁とロイヤルカリビアングループによる新しいターミナル整備により、国際クルーズ拠点としてのさらなる発展が見込まれる。

錦江湾に浮かぶ活火山「桜島」、世界自然遺産の「屋久島」「奄美大島・徳之島」など景観、特色ある島々、変化に富んだ長い海岸線，奥深い歴史を感じさせる名所、源泉数全国第2位を誇る良質な温泉など観光資源が豊富にある。

未来のみなと

Future Cruise ship Terminal

Shimonoseki 2023

中心部に程近い立地がポイントのウォーターフロントあるかぽーと地区。徒歩圏には有名なグルメ・観光スポットが目白押しで理想的な立地を持つターミナルの一つ。ホテルの開業でますます活性化をはかるという。

下関・あるかぽーと&長州出島

ホテルの開業でさらなる地域の魅力向上

1864年の開港以来、国際貿易港として発展してきた下関港では現在、活力と魅力あふれるみなとづくりを目指し、二つの大きな取り組みが進められている。その一つが、関門海峡沿いにあるウオーターフロントエリア「あるかぽーと」地区。クルーズ客船専用岸壁を擁した港では5万トン未満のクルーズ客船を受け入れ、徒歩圏内には海鮮屋台街が有名な「唐戸市場」、しものせき水族館「海響館」、ふぐをはじめ地元グルメを堪能できるフィッシャーマンズワーフ「カモンワーフ」、遊園地「はい!からっと横丁」、源平壇ノ浦の合戦で入水された安徳天皇を祭神とする「赤間神宮」など、旅や食のサイトでの高評価なスポットがそろっている。さらに現在、星野リゾートによるホテル建設が計画されており、2022年2月頃から順次建設工事に着工、2025年秋開業予定。今後、ホテル開業に併せた賑わい通りの整備など、周辺地区の回遊性を高める検討を行い、365日昼夜ともに市民をはじめ来訪者が集うウォーターフロント開発を目指す。

MSCクルーズと提携した新しい客船ターミナル

二つ目が「長州出島」。東アジアのクルーズ需要の増加を背景に2019年4月、官民連携による国際クルーズ拠点の形成を目的とした「国際旅客船拠点形成港湾」に指定された下関港。世界最大級22万総トン級まで対応可能な長州出島ではクルーズ客船専用岸壁を新たに整備しており、今後、下関市がふ頭用地、提携船社であるMSCクルーズが旅客ターミナルを整備する内容で2023年の供用開始を目指している。目指すべき国際クルーズ拠点のスローガンは「あなたのオンリーワン下関港 -Together is Better-」。乗船客一人ひとりにここでしか出会えないものを約束する寄港地としての拠点化を目指すとしている。新ターミナルは中心市街地に近く、新幹線駅である新下関駅からも車で約15分、山口宇部空港、北九州空港、福岡空港からのアクセスも容易。自然や歴史が楽しめる観光スポットも車で1時間半圏内ということもあり質の高い寄港地観光ツアーも楽しみだ。

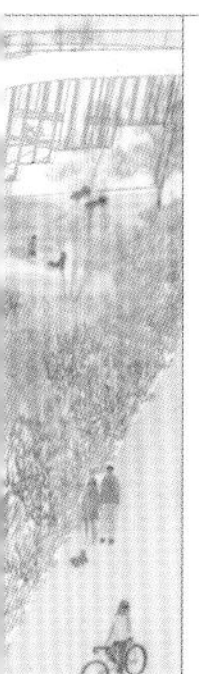

星野リゾートが手掛けるホテルの建設予定地は、遊園地「はい！からっと横丁」の南側に隣接する約1・8ヘクタール。「星野リゾートリゾナーレ下関（仮称）」として関門海峡のダイナミックな自然を感じるリゾートホテル。

ホテル予定地は右奥となり、建物は地上12階（客室棟11階）建て。客室は約190室を備え、平均面積は約50平方メートル。カフェやプール、ダイニングなども併設される。来年2月から順次、建築工事を始め、2025年秋開業予定。

大型クルーズ客船の寄港も可能な沖合人工島として整備が続く長州出島。MSCクルーズとの提携により今後ますますの客船の招致に弾みがつく。クルーズ拠点として2023年4月からの展開に期待がかかる。

長州出島を起点とした車で1時間30分の圏域には、元乃隅神社、秋吉台・秋芳洞、門司港レトロ等などがある。圏域のゲートウェイとして、多彩な観光地や地元食材等を利活用することで地域の活性化をはかる。

Information

▼
▼
▼
▼
▼

港情報をフェイスブックで！

編集部が運営する
「ルイタストナミ」
facebookページでは毎日、
このような楽しい
港情報を
発信しています。
↓

https://www.facebook.com/minatostyle

上田寿美子が語る
日本のクルーズ

Special column

30 YEARS of Japanese Cruise Ships

歩んできた三十余年 進化と伝統とともに

「日本のクルーズ元年」といわれた平成元年から三十余年、2021年は飛鳥IIとにっぽん丸で相次いで30周年クルーズを祝うクルーズも実施された。にっぽん丸や初代飛鳥のデビューからスタートした日本客船の今までを上田寿美子が振り返る。

text by Sumiko Ueda

「平成元年は日本のクルーズ元年」。こんなスローガンとともに日本は新しい客船時代に突入した。それから三十余年、クルーズライターとして日本のクルーズの誕生・変遷を取材し、節目の年を迎えられたことは大きな喜びだ。感謝を込め、取材ノートを振り返ってみよう。

日本の客船の灯を守り続け 改装で独自のサービスも確立

1990年にデビューしたにっぽん丸は、明治以来客船運航を続けてきた伝統と、レジャークルーズを融合させた処女航海が新鮮だった。就航時には白い船体だったが、2010年の大改装でロイヤルブルーに変身。貴賓室「春日」の名をくむ「オーシャンダイニング春日」が誕生し、絶品ローストビーフも人気となった。

2020年の改装では、エコ化、ファミリー思想なども取り入れ、さらに進化。2021年10月の30周年記念クルーズでは、名船長と称えられた神津定剛氏が度々話題に上がった。神津船長のラストクルーズは自身が初代キャプテンを務めたふじ丸。最後に東京港に船をつける瞬間まで、ブリッジウイングで撮影をさせてもらった。終了後、涙声でお礼を言う私の肩をポンとたたいて「上田さん、なに泣いているの。これからも日本の人に楽しく乗りやすいクルーズを伝えてくださいね」と優しく言ってくれた。このときは、お兄様で元佐久市長の神津武士さんも乗船していたが「船長の最後の航や天高し」が弟の最終航海に贈った俳句となった。

現在、にっぽん丸が商船三井客船の伝統を担っているが、日本の客船の灯をともし続けるためにも、近い将来、後継船の発表があることに期待したい。

2010年の改装までは白い船体だった。photo by Kazuyoshi Miyosh

紀宮殿下(当時)により支綱切断が行われ進水したにっぽん丸。

最後の朝の船長講和を放送する神津船長。

世界トップクラスクルーズを知る強み 未来へとはばたくアルバトロス

1991年に就航した初代飛鳥は、当時の高級客船の流行をくみ公室の配置が垂直式だった。1996年飛鳥クルーズ初の世界一周では、3区間に乗船したが、出航直後、野﨑利夫船長にインタビューすると「一番の楽しみはクルーズの銀座通りカリブ海で世界の有名客船たちと肩を並べること」との答え。そして、米国・フォートローダデールから乗船するため、早朝のビーチで待っていると遠くに飛鳥の姿が現れ、日本から地球を半周以上してカリブの玄関にやってきた快挙に胸が震えた。この年以来、世界一周は恒例クルーズとして定着していった。

2006年飛鳥Ⅱが誕生。前身は2015年まで日本郵船の子会社で世界有数のラグジュアリークルーズラインだったクリスタルクルーズのクリスタルハーモニーだ。飛鳥クルーズの歴代の船長、機関長にはクリスタルクルーズ経験者も多く、その情報力と実績が、国際感覚も持ち合わせたお洒落なクルーズに結びついている。飛鳥Ⅱは2020年の改装で展望露天風呂、和洋室のスイート客室などを加え、日本人好みの憧れの客船として活躍中だ。さらに飛鳥クルーズの未来は2025年の新造客船計画へとつながる。建造予定のドイツ・マイヤーベルフトは私も数回訪問したが、屋内大型ドッグが自慢の造船所で、クルーズ船造りのビッグ3の一つだ。久しぶりの新造客船デビューが今から楽しみだ。

上質で気さくなふれんどしっぷ

1998年、ぱしふぃっくびいなすの処女航海はアジアクルーズ。その後半のインドのマドラスから東京港まで乗船したが、連日穏やかな航海が続き、乗客から津畑一美船長に「もう少し船を揺らしてほしい」という要望が出たほどだった。桐島洋子さんの講演、時実新子さんの「川柳教室」などの本格派に加え、気さくなイベントや、丁寧な料理で和むクルーズは、まさに「ふれんどしっぷ」だった。

当時、クルーズはモノクラスが主流だったが、この船は客室カテゴリーによって食堂を分けたことも特徴で、最近はその傾向が世界のクルーズ界に広がっている。2022年には、また、優しい太平洋の愛の女神のクルーズを見せてほしいものだ。

この30年いろいろなことがあり、
特にコロナ禍の影響は大きかったが、
日本のクルーズ船は
他の交通機関に比べて
念入りなコロナ対策を実施し、
安心安全なクルーズ運航に
懸命に取り組んでいる。
次の節目の年には、市場も伸び、
明るいクルーズ時代が
到来していることを
願わずにはいられない。

――― 上田寿美子

1991年にデビューした初代飛鳥。新しい洋上文化の幕開け。

太平洋のヴィーナス誕生。就航と同時に高い評価を受けた。

フォートローダデールの飛鳥。世界一周乗船中の母、米国の友人と。

96年世界一周クルーズで鏡開きをする野崎船長。

1998年元旦の日本経済新聞で山田太一氏、津畑船長との対談。

処女航海のパーティーで桐島洋子氏、津畑船長と。

Since 1998 ぱしふぃっくびいなす

“ふれんどしっぷ”の変わらぬ魅力

「ぱしふぃっくびいなす」の魅力とは何だろう？
スタッフの温かみや親しみやすさが特徴の“ふれんどしっぷ”というコンセプトもその一つだ。
ぱしふぃっくびいなす就航前の準備から携わっている“ふれんどしっぷ”をよく知る二人にインタビュー。

Part1 ｜ 松井克哉船長

探検的な上陸、寄港地での交流、すべてのシーンが思い出に

edit by Nami Shimazu, photo by Katsuya Matsui

ぱしふぃっくびいなすの艤装員としてデビュー前から見守る

商船学校後卒業後はタンカーに乗ろうと思っていたのですが、客船の話が来て、こっちが面白そうだという直感で日本クルーズ客船に入社しました。入社当時は「おりえんとびいなす」「ニューゆうとぴあ」の2隻体制。「ぱしふぃっくびいなす」就航前には、艤装員の一人に選ばれました。1998年4月の就航まで約6カ月間、準備に当たるという重要な仕事で、造船所で作業をしていました。東京から相生の工場まで未完成の船で航海もしましたね。備品の調達、システム、パイプラインなどの把握から訓練の仕方、マニュアル作りなどさまざまなことに携わったので船にとても愛着があります。一つの船を動かしていくための航海部門の仕事は、水道局、消防署、警察署などあらゆる部門が集まったようなもので、幅広い知識が必要ですね。デビュークルーズ中も、エレベーターやエアコンの対応など細かい作業をしていました。

松井克哉
ぱしふぃっくびいなす船長

まつい・かつや／1994年日本クルーズ客船入社。1998年、新造船ぱしふぃっくびいなす就航に伴う艤装に参加、2000年二等航海士に就任。2006年一等航海士2014年代行船長、2018年船長就任。寄港地では時間があると短いジョギングに出るのが日課。

千島列島へのクルーズで、テンダーボートから島へ上陸する乗客たち。

千島列島の島々やフナフチ環礁上陸などエクスペディションクルーズへの挑戦

ぱしふぃっくびいなすでの思い出は、ありすぎるほどいろいろあります。計画して自分が行けなかったクルーズがあるんですが、それは2006年の千島列島へのクルーズで訪れたクリル諸島です。そのとき昔捕鯨基地の役割をしていた原始的な島、パラムシル島とアトラソフ島に上陸したんですね。港湾事情の情報も乏しく、その計画をアイデアの発案から行いました。現場では乗組員たちが上陸して、トランシーバーを持って四方八方に散って、「ここまでは大丈夫です」「こっちに川が流れています」と安全確認などの準備を午前中にしまして、テンダーが着岸できるような桟橋がなかったので桟橋を作り、ビーチにバージ（台船）を係留してそこのバージにテンダーを着けられるようにしました。砂浜を歩く板を準備したりお客様用のトイレを作るなどの作業をして上陸が実現しました。休暇時期に当たって乗船できず残念でしたが、訪れたお客様はものすごく感動してくれて、評価は著しく高かったです。

その経験は、以降のクルーズの成功にもつながっています。2014年の南太平洋クルーズで、ツバル共和国のフナフチ環礁で、一等航海士だった自分が上陸させたいと主張して実現しました。そういう場所に行くときは観光バスがないので、現地の人が持ってるボートを借りる

1　2　3

ため、現地の人との付き合いから入るんですね。このような人々との友好も「ふれんどしっぷ」の意味に入ると思っています。現地の酋長のような人に会いに行って、一緒にお酒を飲んで、「3番目の娘と結婚せえへんか」とか言われたりしたことも(笑)。こんなアドベンチャーな寄港地を考えるのは、シンプルに自分が行きたいからなんです。

船で働くスタッフのチーム戦で“ふれんどしっぷ”を目指す

“ふれんどしっぷ”というコンセプトが生まれたのは、他船にはない、我々の強みは何だろうと考えたのが出発点です。オリジナルな長所として、フレンドリーな客船を「みんなで助け合えばいいものができるはず」と個人戦でなく互いに補う団体戦で目指していきました。船長になって、本当の意味でのリーダーシップというのは、リーダーだけが引っ張るのではなく、皆の力を引き出せている状態だと思います。表彰制度を充実させて自然に褒め合える雰囲気をつくったり、クルーの食堂の区別を廃止して顔を合わせやすいようにしたりしました。日頃の挨拶やコンタクトから、スタッフ皆の顔が見える雰囲気づくりができればと考えています。

エンターテインメントではクルーの一人一人がお客様を盛り上げるため、自身が出演する場面もありました。機関長とでコント仕立ての歌劇をしたり、ギターのライブをしたりすることも。最近は家でも船の雰囲気を楽しんでいただこうと、びいなすクルーズのYouTube公式チャンネルで「ふれんどしっぷTV～びいなすだより」で、時々キャプテンライブを披露しています。

1_クリル（千島列島）最高峰の活火山アレイド火山は、世界自然遺産の絶景。
2_ツバル共和国フナフチ環礁で、上陸に使ったボートと美しいリーフ。
3_南米パタゴニア水道の氷河。温暖化で消えないことを願う。
4_ノルウェー人の男性が誕生日パーティーをしていたので、飛び入りでお祝い。
5_タラワ環礁のビーチで出会ったまぶしい笑顔。
6_ツバル共和国フナフチ環礁で、歓迎のダンスを披露してくれたプリンセスたち。
7_強いヤシ酒をごちそうになって笑顔満面。

4

5

6

7

Part 2 | 阪根和則ホテルマネージャー

お客様から「あったかい船」といわれるのが一番うれしい

edit by Nami Shimazu, photo by Kazunori Sakane

マーシャル諸島のビキニ環礁訪れたぱしふぃっくびいなす。

ダイヤモンドプリンセスへの応援の横断幕づくり

最近の数年は客船にとっては大変な時期ではありましたが、印象に残っているのは、横浜港のダイヤモンドプリンセスに応援の横断幕を作ったことですね。我々はアジアクルーズ中、横浜帰港のタイミングに合わせてお客様と横断幕を作ったんです。こういうのはスピードが大事なので、自分が考えてすぐ実行に移しました。横断幕にはマジックや絵具でなく、寄港地ツアーに使うカラーのシールバッチで文字を作ったんです。横浜の大黒埠頭ですれ違うとき横断幕を出して、その後ダイヤモンドに横断幕を届けました。当時、SNSでも反響になりましたね。実はそのときダイヤモンドプリンセスに乗っていたお客様がその後、ぱしふぃっくびいなすにお客様として3、4組乗船されています。「そんなことをしてくれたのはこの船だけで、すごく感激しました。外国船しか乗ったことがなかったけど、御礼を伝えたくていつかあの船に乗りたい」と考えて実行してくれたそうで、非常にうれしい出来事でした。

阪根和則
ホテルマネージャー

さかね・かずのり／1990年日本クルーズ客船入社、1998年、新造船ぱしふぃっくびいなす就航に伴う艤装に参加、フロントオフィスマネージャーとして処女航海に乗船。2004年、クルーズディレクターとして世界一周クルーズ乗船。2006年にチーフパーサー、2011年ホテルマネージャーに就任。

「地球の丸さ」を体感した初めての世界一周クルーズ

ぱしふぃっくびいなすの前身である、おりえんとびいなすの艤装員も務めました。就航前に船内で使うものを船の倉庫に収納した経験もありますが、おりえんびいなすの時は客船建造も初めてですし、かなり大変でした。その反省をふまえて、ぱしふぃっくびいなすではプロジェクトチームを作ったんです。世界一周の経験がなかった船会社なので最初の2001年のときは「本当に世界一周クルーズして帰ってこられるか」と心配されて

2

3

4

5

6

いたらしいです。当時はフロントオフィスマネージャーで出入国カードの書類の多さには驚きました。世界一周から帰港して「地球は本当に丸いんだ」と思いましたね。

今までの寄港地で印象に残っているのは2017年に初上陸したマーシャル諸島のビキニ環礁です。上陸許可を取るのにCIQもなく、政府と直接のやり取りで、上陸は社内でも賛否両論でしたが、船内でサプライズ的に前日に上陸予定を発表しました。何十年も誰も住んでいないので本当にきれいな海でした。お客様に「この船は、こういうのがいいんだよ」と本当に喜ばれましたね。ほかには何度か実施した皆既日食クルーズが印象に残っていて、海が360度夕焼けになるという神秘的な体験をしました。

「マスク下は笑顔です」のキャッチコピー

“ふれんどしっぷ”らしさで考えるのが「クルーを成長させるにはある程度任せないといけない」ということですね。お客様から要望があったら早く答えを出してあげたいので、現場の判断も必要ですよね。初めてのお客様、リピーターのお客様それぞれに気を配り、一人でいる人をフォローするなど、お客様の温度差がなるべく少ないようにしたいですね。「いろいろな旅行をしたけど、あったかい旅行をしたのはこの船が初めて」といわれたときは感激しましたね。昨年からの運航時に、一つトライしたことは、スタッフは全員マスクをつけるんですが、マスクを外した笑顔の写真を胸につけています。「マスクの下は笑顔です」というキャッチコピーも作りました。お客さんはもちろん喜ぶし、クルー同士でもなんかほっとしますね。

長年働いてきて良かったことは、年に1回家族で必ず乗ってきたり、寄港するたびに港に来てくれたり人に出会えたことです。大船渡に入港すると必ず会いにきてくれる女の子は3歳頃から20歳になるまで毎回船を出迎えて、会いにきてくれていました。最近もお客様から「運航再開を待っているよ」というお手紙をいただきます。乗組員一同、お客様に早く船に乗っていただける日を待ち望んでいます。

1_ビキニ環礁の海のきれいさは忘れられない。
2_ビキニ環礁のエネウ島に上陸。
3_世界一周中、土砂降りの中でのリオのカーニバル観覧。
4_日本人でカーニバルに参加されていた工藤めぐみさんと。
5_ダイヤモンドプリンセスに横断幕を作成している様子。
6_エネウ島に上陸した、ぱしふぃっくびいなすのスタッフたち。
7_皆既日食クルーズに乗船し、観測成功。

7

Since 1884 にっぽん丸

引き継がれし美食

写真／本浪隆弘 photo by Takahiro Motonami　文／島津奈美 text by Nami Shimazu

にっぽん丸の5階客室の廊下に並ぶ大阪商船時代の歴史を伝える、ぶらじる丸の貴賓室についての展示。

日本を代表する客船として愛される、
にっぽん丸を運航する商船三井客船の親会社である
「商船三井」の前身、大阪商船会社が創業したのは1884年。
それ以来、老舗客船会社として脈々と引き継がれる歴史の痕跡を
船内のディスプレイやその美食の中に探してみよう。

Breakfast

JUICES:- Tomato　Orange

Spring Onion　Pink Radish　Watercress

FRUIT:- Apple　Grape-fruit　Plum

Compote Cherry　Stewed Prune

Rolled Oats　Rice Gruel with Fresh Milk

Corn Flakes　All Rice　Grape-nut　All Wheat

FISH:- Saute "Azi" with Lemon

Smoked Haddock in Cream

EGGS:- Fried　Boiled　Turnover　Poached

Shirred Eggs, Havanaise

SCRAMBLED:- Plain　Piemento　Lobster　Spring Onion

OMELETS:- Asparagus Tips　Green Peas　Plain

Parsley　Strawbrry Jam　Fine Herbs

ENTREE:- Miroton of Beef

Meat Curry & Rice

POTATOES:- Boiled　German Fried　Mashed

TO ORDER (10 to 15 Minutes)

Hamburg Steak with Smothered Onion

Grilled Veal Chop, Orange Marmalade

Broiled Kamakura Ham　Breakfast Bacon

COLD BUFFET:- Roast Ribs of Beef　Spiced Brawn

Roast Leg of Mutton　Galantine Capon Pistachio

Puffed Rice Hot Cake with Honey or Syrup

Corn Fritters　Dry or Buttered Toast

Currant Buns　Hot Parker House Roll　Graham Roll

Soda Biscuits　Strawberry Jam　Orange Marmalade

Tea:- Lipton or Green　Cocoa　Coffee

M. S. "ARGENTINA-MARU"

Tuesday July 18th 1939

O.S.K. LINE

Breakfast

ICED JUICES:- Tomato　Orange　Pineapple　Grape-fruit

Spring Onion　Pink Radish　Water[illegible]

FRUIT:- Apple　Summer Orange　Pl[illegible]　Oran[illegible]

COMPOTES — Fig　Peach　Mandarin

CEREALS — American Snow Oats　Semolina Mush with Fresh Milk

Corn Flakes　All Rice　Grape-nut　All Wheat

Puffed Rice　All-Bran　Shre[illegible]　Rice Krispies

FISH:- Fried Horse-mackerel with Cut Lemon

Steamed Salted Salmon, Butter Sauce

EGGS:- Fried　Boiled　Turnover　Poached

Shirred Eggs, Omer Pacha

SCRAMBLED:- Plain　Tomato　Garden Peas　Mushroom

OMELETS:- Asparagus Tips　Olives　Watercress　Plain

Ox-tongue　Cheese

ENTREE:- Sausage Cake with Creamed Potatoes

Meat Curry & Rice

POTATOES:- Boiled　German Fried　Mashed

TO ORDER (10 to 15 Minutes)

Broiled Veal Chop with Saute Potatoes

Chicken's Giblet on Toast

Grilled Kamakura Ham　Breakfast Bacon

COLD BUFFET:- Roast Ribs of Beef　Hunting Sausage

Galantine Capon　Spiced Brawn

Buck-wheat Hot Cake with Honey or Syrup

Soft Ginger Bread　Dry or Buttered Toast

Rope Buns　Hot Parker House Roll　Graham Roll

Assorted Biscuits　Strawberry Jam　Orange Marmalade

Tea:- Lipton or Green　Coffee　Ovaltine

Cocoa　Instant Postum

M. S. "ARGENTINA-MARU"

Friday July 21st 1939

O.S.K. LINE

にっぽん丸のダイニング「瑞穂」のディスプレイとして飾られている「あるぜんちな丸」のメニュー。

明石産天然真鯛とオマールのポワレ
ブールブランソース

白身魚などによく合う、酸味が効いたさっぱりした風味の「ブールブランソース」は白いバターのソースという意味。にっぽん丸流のオリジナルの作り方で調理されるという。

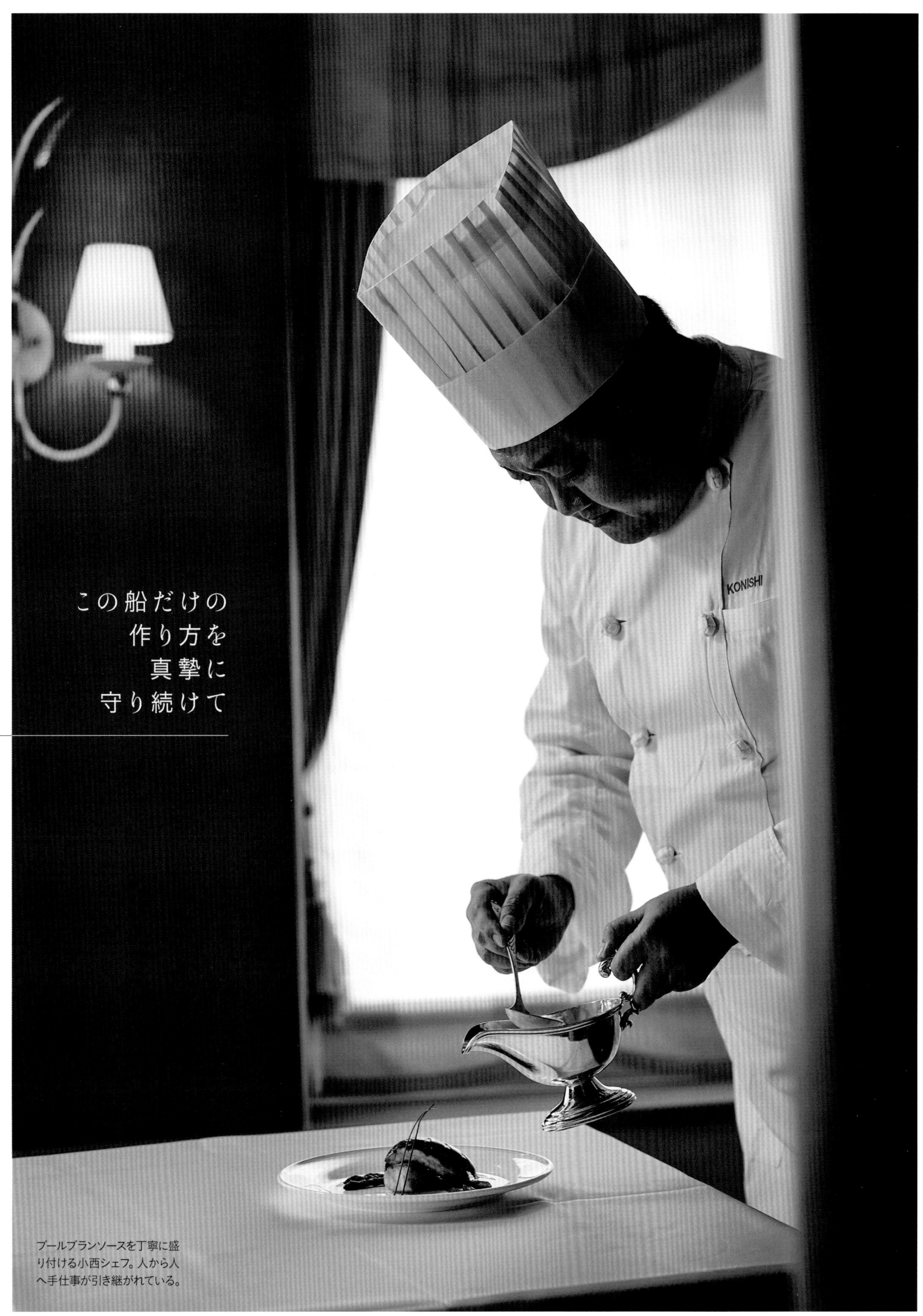

この船だけの
作り方を
真摯に
守り続けて

ブールブランソースを丁寧に盛り付ける小西シェフ。人から人へ手仕事が引き継がれている。

※取材時のみマスクを外しております。

茸のパイ包みソース

何種類ものキノコが入ったコンソメ仕立てのスープは
秋、少し寒くなってくるとメニューに登場する。
ココットの上のパイを少しずつ崩し、スープといただく。

だし巻き玉子

材料を一から準備して焼き上げる、だし巻き玉子。
単品で出されることはないが、朝食メニューの一つに
三つ葉、ひじき、青のりなど具を変えて。

一皿から 伝わる 手仕事の 丁寧さ

国産牛フィレ肉のグリエ
ビナグレッチソース

南米航路の寄港地ブラジルの味を知る
シェフから引き継がれた酸味のきいたソースは
肉料理にもよく合う。
2、3日間ほど寝かしてまろやかな味に仕立てる。

にっぽん丸特製カレー

時間をかけて作るルーが決め手の
長年愛されてきた人気のオリジナルカレー。
朝食のオプションメニューでどうぞ。

1

2

手間をかけた こだわりの 工程から 生まれる味

年季の入ったノートを手にして、小西シェフが語り始めた。

「にっぽん丸特製カレーはノートにもメモされているんですが、1970年代頃からはこのレシピで作っていると思います。その頃は船でカレーの出される頻度も多く、カレーを作る量が今よりかなり多かったんですね。新人はボイラーというセクションで、カレーのルーを作る担当になることが多かったんです。小麦粉やカレー粉などが入った鍋をひたすら混ぜ続けます。寝るときは弱めの蒸気にして、また翌日になると作業再開。朝6時くらいから夜9時ぐらいまでカレーを作り続けていました。体にいつもカレーの匂いが染み付いていましたね」

レジャーとしてクルーズの人気が高まるにつれ、船で出される料理には"非日常"の要素を求められるようになり、昔の船と比べ必要なカレーの量は激減した。以前はデッキランチでも特製カレーが出されることが多かったが、今では朝食のオプションメニューの一つとして残っている。

客船の料理は洋食のイメージがあるが、この船では「にっぽん丸流」といえるレシピが多いのが特徴だ。例えばフランス料理で登場する「ブールブランソース」という白身魚やオマールにかけて供するソース。ここでは教科書通りの作り方とは違って、にっぽん丸流にアレンジした作り方をしているのだという。

「エシャロットを炒め、白ワインビネガーを煮詰めてバターを加えますが、さらに違う工程が入り、よりとろみのついた仕上がりになっています」

シニアアシスタントシェフ

小西匡彦

Masahiko Konishi

1993年に入社、ふじ丸、新さくら丸、にっぽん丸での勤務を経験。にっぽん丸のギャレーに最も長く勤務するシェフの一人として、食の変遷を見続けてきている。

1_レストランで出迎えてくれる笑顔の素敵なスタッフも料理に花を添えて。2_ミッドシップバーのインテリアがリニューアル、大阪商船時代の写真がアクセントに。

※取材時のみマスクを外しております。

優しく
ふんわり
愛される
にっぽん丸
特製白パン

ほぼ毎食出されるという、にっぽん丸でお馴染みの白パン。船内で作って焼いた、焼き立てのパンは食事の楽しみの一つ。

1

2

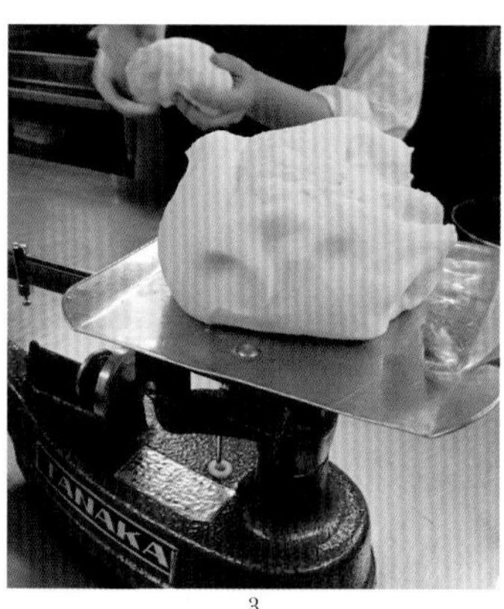

3

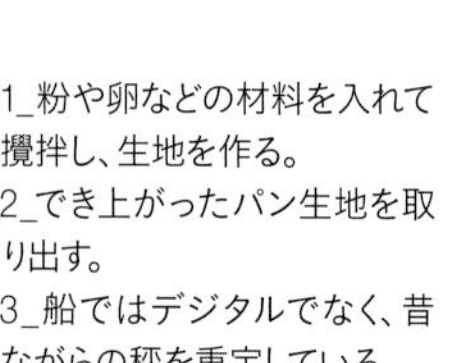

1_粉や卵などの材料を入れて攪拌し、生地を作る。
2_でき上がったパン生地を取り出す。
3_船ではデジタルでなく、昔ながらの秤を重宝している。
4_焼き型に合わせて成形をしていく。
5_焼き型に入れる。
6_焼きあ上ったパンを並べていく。毎食の作業になる。

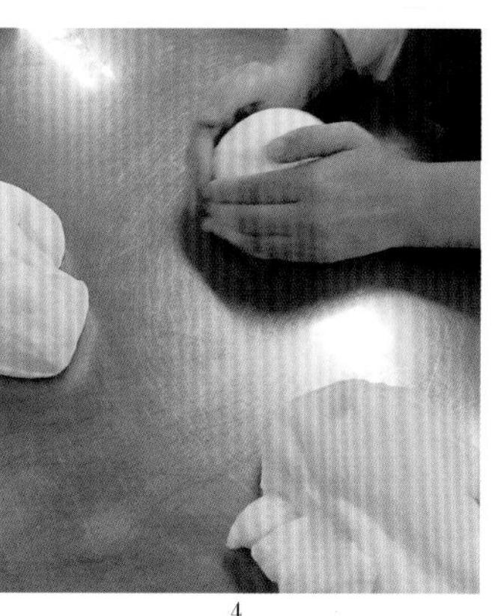
4

5

6

ノートに
記される
にっぽん丸流
レシピの数々

商船三井客船のレシピは長年、人伝えが多かったという。「自分が入社した1990年代頃はまだ記録もなく、先輩の作り方を見たり口頭で教えられたりして学んでいました。メモは、自分たちの代ぐらいから書き始めたような形です。最近はフィリピンクルーも母国語のファイルを作っているそうです」と小西シェフ。

人から人へ紡がれてきた「にっぽん丸」のレシピは、今ではノートやファイルで共有されている。大阪商船時代から受け継いできたものが集結した貴重なノートといえるだろう。にっぽん丸特製白パンも長年作り続けられてきたレシピの一つだ。

今回紹介した「ビナグレッジソース」も南米航路時代に寄港地ブラジルの味を知るシェフから引き継がれたといわれるソースだ。新しく始まった、食の魅力を伝える「にっぽん丸ショーケース」では大阪商船時代のメニューをアレンジした料理を出すこともある。一皿から船が紡いできた長い航跡に思いをはせてみたい。

にっぽん丸のギャレーに保管されているレシピをまとめたノートやファイル。

Interview with NIPPON MARU

明治以来
連綿と続く
美食の客船。

interviewer by Masatsugu Mogi

2022年、さらにその先へ。「これからも続く、にっぽん丸の進化」

2022年初頭のドライドックでは
スタンダードキャビンの
クォリティアップをはかるという
にっぽん丸。
そしてこの先、
美食の客船が向かう未来は？

2022年に向けて新しい取り組みを聞かせてください。

今迄のドック工事では全てのカテゴリーの客室のゲストに快適で楽しい船内生活を満喫していただけるよう各所のバリューアップを進めてまいりましたが、次回ドックでは4階より下のステートルームの設備更新を計画しています。

進めているリファービッシュメントはカジュアルな方向性を意識したものになるのでしょうか？

いえ、そうではありません。スペースレシオ的にはラグジュアリークラスを維持しながら、ゲストが船内で過ごす時間の使い方、その変化に合わせたものになるでしょう。従来のダイニングで食事をして、そのあとにプロダクションショーを見てというワンパターンから、ゲストお一人お一人の時間の楽しみ方にも寄り添っていくというイメージです。例えば前回の改装で設置した「eカフェ」ではバリスタの実演やディナー食材の紹介コーナーなど、喫茶＋α（アルファ）の時間を過ごしていただけるよう、イベントを工夫していきたい。他方、「個」の楽しみは充実させながら、新設した複数人数で宿泊できる「コンセプトルーム」の人気を受けて、「絆を深める」旅の視点も盛り込んでみたいです。ゲストの船旅、にっぽん丸に対する新しいニーズをできる限り盛り込んだ改装を目指しています。

山口直彦
商船三井客船 代表取締役社長

1981年、大阪商船三井船舶に入社。クルーズ事業調査員としてマイアミに長期滞在、クルーズビジネスの知見を得る。2016年から現職。

記事の内容は2021年9月の時点での構想段階のものが含まれ、今後の状況により変更になる可能性もありますが、同社のビジョンを探るうえでインタビュー内容をあえて編集せずに掲載しています。

コース設定などはどうなるのでしょうか？

にっぽん丸のコンセプトは、なかなか陸路では行けない観光スポットにベストシーズンに行く船旅です。四季折々の日本の素晴らしさを乗船することで満喫できるという従来の取り組みは変わりません。さらに、比較的コンパクトな船体を生かして、大型船では訪れることが難しい港への寄港にも取り組んでいきます。今秋、愛知県常滑港にクルーズ客船として初寄港を果たしましたが、常滑の焼物以外にも醸造の街半田など、知多半島には素晴らしい観光資源があることが分かりました。目新しいデスティネーションを現地自治体や関係者と協力しながら開拓していく。地域

 ※取材時のみマスクを外しております。

の活性化のお手伝いもにっぽん丸の役割の一つであり、結果、ゲストが楽しんでいただける枠組み作りは大切な視点です。

これからの食に関する ビジョンをもう少し教えてください。

食のにっぽん丸という称号に恥じないように、ゲストが感動する食を供することを守りながら、時代に合わせた要素も盛り込んでいきたい。チョイスの幅やダイニングのエンターテインメント性もポイントになりますが、それ以上に食材選びや調理法が大切です。上質で美味しいことはもちろんですが、安全で健康に結びつく食材やそれをどのように加工・調理するかへの関心の高まりにも、今まで以上に対応していかなくてはなりません。また、持続可能性を踏まえた食材選びも大切なポイントです。ゲストにも地球にもやさしい客船を目指していきたい。今回の改装で始めた"シェフズテーブル"はいわばその実験台でもあります。

さて、ファンが気になる 今後の計画についてお尋ねいたします。

これからの新しい展開に向けた社内的な検討には着手しておりますので、さまざまな環境や条件が整った時期に発表できると思います。個人的な考えですが、ポストコロナ時代の消費者の傾向も見えてきたので、そのタイミングは近づいているのではないでしょうか。他方で現在のにっぽん丸をどうするのかという課題もあります。

進化の先には 何があるのでしょうか？

10万トンを超えるメガシップはないでしょう。上質な旅へのニーズは世界的に見ても底堅く、新しい船はそのマーケットに位置づけたいと考えています。しかし、ラグジュアリーの定義が変わってきている、あるいは多様化していると言ったほうが正しいですね。一昔前の豪華絢爛なラグジュアリーから、落ち着いた空間で個々の命の洗濯を追求できるのもラグジュアリーという風潮、サステナビリティーを意識した行動様式がラグジュアリーという考え方もあります。また家族との絆を感じることこそラグジュアリーという発想もあります。そういうゲストの視点も意識しながら、これからの時代のラグジュアリーシップを企画していきたいと考えているところです。

1

2

3

1_常滑港沖合に錨泊中のにっぽん丸。比較的小さな船体で寄港の選択肢が広い。
2_ゲストは常滑港から隣の半田市までツアーを楽しんだ。
3_常滑入港時には盛大に初寄港記念セレモニーが開催。地元の期待は大きい。

4

にっぽん丸、 2022年春の改装 ステートルームの 施設更新へ

5

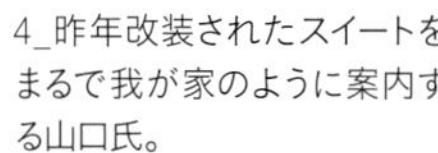

4_昨年改装されたスイートをまるで我が家のように案内する山口氏。
5_ステートルームの改装予想図。少し大きくなるテーブルではキャビンでのコーヒーや簡単な食事なども計画にあるという。
6_新しくなるサニタリースペース。約1年前から船内にモックアップを設置して、リサーチを続けた。

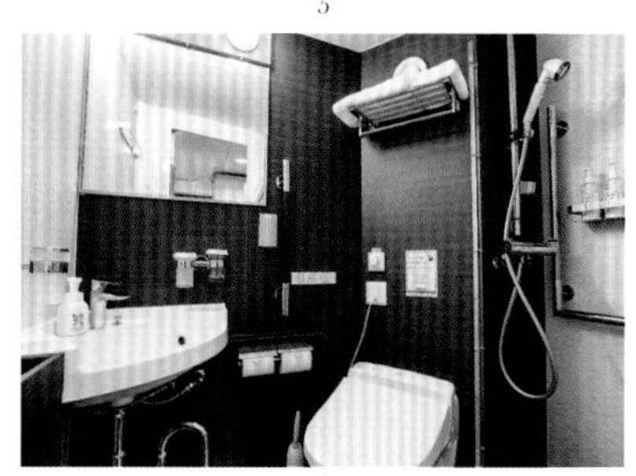

6

Japanese Cruise Ship Schedule

日本客船クルーズスケジュール

2022年春からは3船が出そろい、クルーズファンの楽しみも増えそうだ。
地方港での乗船チャンスもあるので、好みのクルーズを見つけてみよう。

※旅行代金は1室2名利用での大人一人分代金(税込み)～

ASUKA II | 飛鳥II

郵船クルーズ
https://www.asukacruise.co.jp

日程	泊数	航程	料金
2022年			
3月7日～10日	4日間	横浜 結航路 春の四日市・紀州日高クルーズ/横浜～四日市～日高～横浜	180,000円～
3月11日～13日	3日間	A-style クルーズ ～春彩～/横浜～横浜	146,500円～
3月13日～16日	4日間	春の鳥羽クルーズ/横浜～鳥羽～横浜	185,000円～
3月16日～19日	4日間	横浜 結航路 春の駿河・新宮クルーズ/横浜～清水～新宮～横浜	175,000円～
3月19日～22日	4日間	春の連休 四日市クルーズ/横浜～四日市～横浜	214,000円～
3月24日～26日	3日間	のんびり春旅 横浜・神戸クルーズ/横浜～神戸	113,000円
3月26日～29日	4日間	神戸 結航路 高知・別府春休みクルーズ/神戸～高知～別府～神戸	197,000円～
2023年			
2月11日～3月21日	38日間	2023年オセアニアグランドクルーズ/横浜～神戸～サイパン～ケアンズ～ブリスベン～シドニー～ミルフォードサウンド通航～オークランド～～ヌーメア～グアム～横浜～神戸 ※横浜発着2023年2月11日～3月20日、神戸発着2023年2月12日～3月21日、グランド特別割引(2022年6月30日まで)、早期全額支払割引などあり	2,241,000円(通常代金)～
4月2日～7月15日	104日間	2023年世界一周クルーズ/横浜～神戸～シンガポール～マラッカ～ゴア～サラーラ～スエズ運河通航～ピレウス～ミコノス～ナポリ～リボルノ～モンテカルロ～パルマ(マヨルカ島)～カディス～リスボン～ビーゴ～ゼーブブルージュ(ブルージュ)～ティルベリー(ロンドン)～ガイランゲルフィヨルド通航～トロンハイム～ホニングスボーグ～レイキャビク～ニューヨーク～ケープカナベラル～コズメル～カルタヘナ～パナマ運河通航～プンタレナス～マサトラン～サンフランシスコ～ホノルル～横浜～神戸 ※横浜発着2023年4月2日～7月14日、神戸発着2023年4月3日～7月15日、ワールド特別割引(2022年6月30日まで)、早期全額支払割引などあり	5,800,000円(通常代金)～

NIPPON MARU | にっぽん丸

商船三井客船
https://www.nipponmaru.jp

日程	泊数	航程	料金
2022年			
1月4日～7日	4日間	初春の宝船　にっぽん丸　新宮・瀬戸内海 ～スペシャルエンターテイメント～/横浜～新宮～横浜	173,000円～
1月8日～10日	3日間	にっぽん丸　新春のオペラクルーズ～藤原歌劇団公演 歌劇「蝶々夫人」G.プッチーニ作曲 原語上演・字幕付き～/横浜～横浜	113,000円～
1月11日～16日	6日間	九州一周クルーズ/横浜～鹿児島～八代～長崎～横浜	276,000円～
1月17日～19日	3日間	名古屋発着　こんぴらさんクルーズ/名古屋～坂出～名古屋	119,000円～
1月20日～24日	5日間	にっぽん丸で航く　瀬戸の船旅/神戸～高松～瀬戸田(生口島)～岩国～神戸	204,000円～
1月25日～27日	3日間	広島発着　船旅にっぽん丸 ～宮崎 日南～/広島～油津～広島	113,000円～
1月28日～31日	4日間	門司発着　ぐるり四国一周クルーズ ～四万十・こんぴらさん～/門司～宿毛～高松～門司	179,000円～
2月3日～6日	4日間	神戸発着　笑門来福にっぽん丸 ～防府・長崎～/神戸～防府～長崎～神戸	173,000円～
2月7日～9日	3日間	高松発着　伊勢神宮クルーズ/高松～鳥羽～高松	109,000円～
2月10日～12日	3日間	神戸発着　にっぽん丸30周年記念クルーズ/神戸～神戸	110,000円～
2月28日～3月3日	4日間	名古屋発着　春の瀬戸内海クルーズ ～高松・鞆の浦～/名古屋～高松～鞆の浦～名古屋	165,000円～
3月4日～9日	6日間	東京発着　屋久島・奄美大島クルーズ/東京～屋久島～名瀬～東京	287,000円～

　※2021年11月末現在の情報です。スケジュールは変更することがあります。最新情報はホームページ等でご確認ください

PACIFIC VENUS | ぱしふぃっくびいなす

日本クルーズ客船
https://www.venus-cruise.co.jp

日程	泊数	航程	料金
2022年			
3月19日～21日	3日間	びいなす瀬戸内八景クルーズ／横浜～新宮～高知～日高～横浜	118,000円～
3月22日～26日	5日間	春うらら 屋久島・佐世保と瀬戸内海クルーズ／神戸～佐世保～屋久島～神戸	219,000円～
3月28日～4月1日	5日間	春爛漫 黒潮海道クルーズ ～新宮・高知・日高～／横浜～新宮～高知～日高～横浜	219,000円～
4月2日～4日	3日間	なばなの里 花まつり&イルミネーションクルーズ／横浜～四日市～横浜	118,000円～
4月6日～11日	6日間	～ボニンブルーの海へ～ 世界自然遺産 小笠原オーシャンクルーズ／東京～小笠原～東京	272,000円～
4月13日～17日	5日間	亜熱帯の島 奄美大島と洋上のアルプス 屋久島クルーズ／神戸～奄美大島～屋久島～神戸	223,000円～
4月20日～24日	5日間	天色の絶景 ネモフィラ観賞と伊豆諸島周遊クルーズ／大阪～大洗～清水～大阪	223,000円～
4月26日～28日	3日間	The秘島クルーズ ～鳥島・孀婦岩・伊豆諸島周遊～／横浜～横浜	108,000円～
4月29日～5月4日	6日間	GW世界遺産二島めぐり 奄美大島・屋久島クルーズ／横浜～屋久島～奄美大島～横浜	304,000円～
5月6日～8日	3日間	GW四国 足摺岬・四万十川遊覧と瀬戸内海クルーズ／神戸～宿毛～神戸	128,000円～

guntû | ガンツウ

せとうちクルーズ
https://guntu.jp

日程	泊数	航程	料金
2022年			
3月1日発ほか	3日間	西回り航路　せとうちの海の道を巡り、古きを愛でる　宮島沖・大三島沖錨泊3日間	500,000円～1,000,000円
3月3日発ほか	4日間	東回り航路　豊かな島々の新旧の魅力に触れる　北木島沖・小豆島沖・鞆の浦沖錨泊4日間	775,000円～1,525,000円
3月9日発ほか	3日間	東回り航路　自然美と島の恵みに出合う　玉野沖・詫間湾錨泊3日間	500,000円～1,000,000円
3月11日発ほか	3日間	西回り航路　悠久の歴史と文化にせとうちを知る　宮島沖・伯方島沖錨泊3日間	525,000円～1,025,000円
3月16日発ほか	3日間	中央航路　海をたゆたい、せとうちの絶景を訪ねる　大三島沖・詫間湾錨泊3日間	500,000円～1,000,000円
3月18日発ほか	4日間	体験航路　せとうちの伝統文化と技術を体験する　玉野沖・日生沖・詫間湾錨泊4日間	800,000円～1,550,000円

※ガンツウは年間を通じて運航。

Foreign Cruise Ship Schdule

外国客船 日本発着クルーズスケジュール 2022年

CELEBRITY SOLSTICE | セレブリティソルスティス

CELEBRITY CRUISES
セレブリティクルーズ
https://www.celebritycruises.com

日程	泊数	航程	料金
11月7日〜19日	13日間	日本の四季を巡る日本列島周遊　煌めきの高知・石垣島・沖縄・済州島　リゾートクルーズ／横浜〜清水〜大阪〜高知〜終日航海〜石垣島〜那覇〜終日航海〜済州島〜長崎〜終日航海〜横浜	1,769ドル〜

COSTA SERENA | コスタセレーナ

COSTA CRUISES
コスタクルーズ
https://www.costajapan.com

日程	泊数	航程	料金
4月27日〜29日	3日間	2泊3日で済州島へ お気軽スーパーショートクルーズ／佐世保〜済州島〜佐世保	28,400円〜
4月29日〜5月3日	5日間	4泊5日で日本の港めぐり＋釜山のお楽しみGWクルーズ／佐世保〜境港〜金沢〜釜山〜佐世保	98,600円〜
5月3日〜8日	6日間	ゴールデンウィーク 5泊6日欲張りクルーズ／佐世保〜境港〜金沢〜舞鶴〜釜山(韓国) 〜佐世保	122,000円〜
5月8・13・18・23・28日発	6日間	洋上と韓国＋台湾を楽しむ 海外ゆったり5泊6日クルーズ／佐世保〜釜山〜基隆〜佐世保	90,000円〜
6月2日〜8日	7日間	アジア2カ国をめぐって那覇へ 佐世保〜那覇片道クルーズ／佐世保〜釜山〜基隆〜石垣〜宮古島〜那覇	83,000円〜
6月8日〜11日	4日間	沖縄離島と台湾をめぐる 3泊4日の南国クルーズ／那覇〜基隆〜石垣〜那覇	57,400円〜
6月11日・18日発	5日間	4泊5日で台湾と沖縄 アイランドホッピングクルーズ／那覇〜宮古島〜基隆〜石垣〜那覇	77,600円〜
6月12日〜16日	5日間	4泊5日で台湾と沖縄 アイランドホッピングクルーズ／宮古島〜基隆〜石垣〜那覇〜宮古島	77,600円〜
6月15日〜18日	4日間	3泊4日にぎゅっと濃縮 宮古島と台湾を堪能クルーズ／那覇〜宮古島〜基隆〜那覇	57,400円〜
6月16日・19日発	4日間	3泊4日でめぐる台湾と那覇 二大都市ハイライトクルーズ／宮古島〜基隆〜那覇〜宮古島	57,400円〜
6月19日〜22日	4日間	宮古島から台湾と石垣島へ 3泊4日片道クルーズ／宮古島〜基隆〜石垣〜那覇	58,200円〜
6月26日〜29日	4日間	那覇から福岡へ 3泊4日片道クルーズ／那覇〜済州島〜福岡	40,400円〜
6月29日〜7月2日	4日間	福岡から小樽へ日本海をめぐる3泊4日片道クルーズ／福岡〜釜山〜小樽	39,400円〜
7月2日・7月8日発	4日間	3泊4日でロシア体験 超ショートクルーズ／福岡〜釜山(韓国)〜小樽	58,400円〜
7月11日〜16日	6日間	ロシア経由で金沢へ 5泊6日の日本海めぐり片道クルーズ／小樽〜コルサコフ〜函館〜酒田〜金沢	74,000円〜
7月16・20・24・28日発	5日間	4泊5日で三都市めぐりの日本海欲張りショートクルーズ／金沢〜釜山〜福岡〜舞鶴〜金沢	86,600円〜
7月18・22・26日発	5日間	4泊5日で三都市めぐりの日本海欲張りショートクルーズ／福岡〜舞鶴〜金沢〜釜山〜福岡	86,600円〜
7月19・23・27発	5日間	4泊5日で三都市めぐりの日本海欲張りショートクルーズ／舞鶴〜金沢〜釜山〜福岡〜舞鶴	86,600円〜
7月30日〜8月7日	9日間	五都市＋釜山に船内も楽しむ 8泊9日の大充実クルーズ／福岡〜舞鶴〜金沢〜伏木〜新潟〜青森〜釜山〜福岡	184,900円〜
8月1日〜8月8日	8日間	金沢〜伏木〜新潟〜青森〜釜山〜福岡〜金沢／日本海周遊と韓国めぐり じっくり楽しむ 7泊8日クルーズ	161,800円〜
8月3日〜8月9日	7日間	新潟から青森・釜山・福岡・金沢へ たっぷり満喫 6泊7日クルーズ／新潟〜青森〜釜山〜福岡〜金沢〜新潟	138,700円〜
8月8・13・18・23日発	6日間	人気の港と釜山を楽しむ 5泊6日の日本海クルーズ／金沢〜新潟〜境港〜釜山〜福岡〜金沢	105,000円〜
8月7・12・17・22日発	6日間	人気の港と釜山を楽しむ 5泊6日の日本海クルーズ／福岡〜金沢〜新潟〜境港〜釜山〜福岡	105,000円〜
8月9・14・19日発	6日間	人気の港と釜山を楽しむ 5泊6日の日本海クルーズ／新潟〜境港〜釜山〜福岡〜金沢〜新潟	105,000円〜
8月27日〜9月1日	6日間	日本海の三美港と釜山 5泊6日クルーズ／福岡〜金沢〜舞鶴〜境港〜釜山〜福岡	73,300円〜
8月28日〜9月1日	5日間	釜山経由で福岡まで 4泊5日の日本海クルーズ／金沢〜舞鶴〜境港〜釜山〜福岡	58,600円〜

NORWEGIAN SUN | ノルウェージャンサン

NORWEGIAN CRUISE LINE
ノルウェージャンクルーズライン
https://www.ncl.com/jp

日程	泊数	航程	料金
11月18日〜11月28日	11日間	晩秋の富士山と釜山、九州11日間クルーズ／東京〜清水〜名古屋〜大阪〜別府〜釜山〜長崎〜鹿児島〜東京	1,308ドル〜
11月28日〜12月10日	13日間	初冬の北海道・釜山・鹿児島日本周遊13日間クルーズ／東京〜函館〜小樽〜金沢〜釜山〜長崎〜鹿児島〜大阪〜 清水〜東京	1,273ドル〜

DIAMOND PRINCESS | ダイヤモンドプリンセス

PRINCESS CRUISES
プリンセスクルーズ
https://www.princesscruises.jp/

日程	泊数	航程	料金
4月28日〜5月4日	7日間	ゴールデンウィーク 九州・韓国 7日間／横浜〜クルージング〜長崎〜釜山〜鹿児島〜クルージング〜横浜	148,000円〜

※2021年11月現在の情報です。今後の状況によりスケジュールが変更になることがあります。

日程	泊数	航程	料金
5月4日～9日	6日間	ゴールデンウィーク 九州・韓国 6日間／横浜～済州島～長崎～横浜	118,000円～
5月9日～14日	6日間	横浜発神戸着 九州・韓国ショートクルーズ 6日間／横浜～済州島(韓国)～長崎～神戸	98,000円～
5月14･21･28日発	8日間	沖縄・台湾リゾートクルーズ 8日間(A・B)／神戸～那覇～石垣島～基隆～神戸	138,000円～
6月4日～9日	6日間	四国・九州・韓国ショートクルーズ 6日間／神戸～高知～鹿児島～済州島～関門海峡クルージング～神戸	98,000円～
6月9日～14日	6日間	九州・韓国ショートクルーズ 6日間／神戸～関門海峡クルージング～済州島～鹿児島～横浜	78,000円～
6月14日･9月10日発	10日間	西日本周遊と韓国 10日間(A・B)／横浜～長崎～済州島～関門海峡クルージング～広島～高知～大阪～清水～横浜	178,000円～
6月23日～7月1日	9日間	北海道周遊とサハリン 9日間／横浜～釧路～コルサコフ(ロシア)～小樽～函館～クルージング～横浜	154,000円～
7月1日・14日発	6日間	九州・韓国ショートクルーズ 6日間／横浜～済州島～佐世保～横浜	98,000円～
7月6日～14日	9日間	沖縄・台湾リゾートクルーズ 9日間／横浜～那覇～石垣島～基隆～横浜	154,000円～
7月19日～27日	9日間	天神祭でにぎわう大阪と九州・韓国 9日間／横浜～鹿児島、済州島、神戸、大阪 ～横浜	168,000円～
7月27日～8月4日	9日間	ねぶた祭に沸く青森とウラジオストク 9日間／横浜～ひたちなか～宮古～ウラジオストク～青森～横浜	188,000円～
8月4日～14日	11日間	日本の夏！ 竿燈・ねぶた・よさこい・阿波おどりに沸く周遊クルーズ・韓国 11日間／横浜～秋田～青森～釜山～関門海峡クルージング～高知～徳島～横浜	238,000円～
8月14日～23日	10日間	熊野大花火と四国・九州と韓国 10日間／横浜～徳島～大阪～熊野～高知～鹿児島～済州島～長崎～横浜	218,000円～
8月23日～9月1日	10日間	北海道周遊とサハリン 10日間／青森～釧路～コルサコフ～小樽～函館	178,000円～
9月1日～10日	10日間	沖縄・台湾リゾートクルーズ ／横浜～那覇～石垣島～花蓮～基隆～横浜～	178,000円～
9月19日～25日	7日間	シルバーウィーク 九州と韓国 7日間／横浜～鹿児島～済州島～長崎～横浜	118,000円～
9月25日～10月4日	10日間	北前航路と九州・韓国 10日間 A／横浜～青森～酒田～金沢～境港～釜山～長崎～横浜	178,000円～
10月4日～11日	8日間	九州と韓国／横浜～長崎～済州島～鹿児島～御前崎～横浜	138,000円～
10月11日～20日	10日間	北前航路と九州・韓国 10日間 B／横浜～青森～酒田～敦賀～境港～釜山～鹿児島～横浜	178,000円～
10月20日･11月4日発	9日間	沖縄・台湾リゾートクルーズ 9日間 B／横浜～那覇～宮古島～基隆～横浜	154,000円～
10月28日～11月4日	8日間	四国・九州と韓国 8日間／横浜～佐世保～済州島～鹿児島～高知～横浜	138,000円～
11月12日～21日	10日間	西日本周遊と韓国 10日間 ／横浜～清水～大阪～高知～広島～関門海峡クルージング～済州島～鹿児島～横浜	178,000円～
11月21日～29日	9日間	沖縄・台湾リゾートクルーズ 9日間 A／横浜～基隆～石垣島～那覇～横浜	154,000円～

SILVER MUSE | シルバーミューズ

SILVERSEA CRUISES
シルバーシークルーズ
https://www.silversea.com

日程	泊数	航程	料金
4月22日～5月6日	15日間	GW日本周遊クルーズ／横浜～清水～大阪～福岡～釜山～金沢～新潟～秋田～青森～函館～東京	–
9月23日･10月7･21日	11日間	秋の日本周遊クルーズ／東京～大阪～鹿児島～長崎～釜山～金沢～新潟～秋田～青森～函館～東京～大阪	–

SILVER SHADOW | シルバーシャドー

SILVERSEA CRUISES
シルバーシークルーズ
https://www.silversea.com

日程	泊数	航程	料金
9月27日･10月17日発	11日間	秋の日本周遊クルーズ／東京～大阪～広島～釜山～金沢～秋田～函館～横浜(東京)	–
10月7日～17日	10日間	秋の日本周遊クルーズ／東京～神戸～広島～福岡～麗水～長崎～鹿児島～別府～東京	–

STAR BREEZE | スターブリーズ

WINDSTAR CRUISES
ウインドスタークルーズ
https://www.windstarcruises.jp

日程	泊数	航程	料金
9月12～22日	11日間	日本をめぐる グラン・ジャパン・クルーズ ／東京～清水～新宮～鹿児島～長崎～釜山～唐津～広島～高松～神戸～	5,199ドル～
9月22日～10月2日	11日間	日本をめぐる グラン・ジャパン・クルーズ ／神戸～高松～広島～唐津～釜山～長崎～鹿児島～新宮～清水～東京	5,199ドル～

MSC Bellissima | MSCベリッシマ

MSC CRUISES
MSCクルーズ
https://www.msccruises.jp

日程	泊数	航程	料金
4月29日～5月7日	11日間	南国薩摩と石垣島・那覇・台湾 美ら海クルーズ9日間＜チャータークルーズ＞ ／横浜～鹿児島～那覇～石垣島～基隆～横浜　●問い合わせ　クルーズプラネット https://www.cruiseplanet.co.jp	168,000円～
8月11日～18日	6日間	済州島・佐世保 夏休みチャータークルーズ 6日間＜チャータークルーズ＞ ／横浜～済州島～佐世保～横浜　●問い合わせ　JTBクルーズ https://www.jtb.co.jp/cruise	94,000円～

上田寿美子
Sumiko Ueda

クルーズジャーナリスト。外国客船の命名式に日本代表として招かれるなど世界的に活動、講演も行う。『マツコの知らない世界』（TBSテレビ）に出演し好評。著書に『上田寿美子のクルーズ！万才』など。日本外国特派員協会会員、日本旅行作家協会会員。

My Memorial

Nippon Maru

祝！にっぽん丸 30周年記念クルーズ

photo by Hideo Ueda

ここに「Cruise Traveller」の源となった雑誌「Viaje」1991年2月号があります。表紙は、満船飾を掲げた新造船にっぽん丸。巻頭記事は13ページの「にっぽん丸デビュークルーズ特集」。記者は、まだ30歳代だった私でした。

振り返れば、にっぽん丸の処女航海は1990年9月、東京港発着の香港・台湾クルーズ。澤山惠一氏が初代船長を務め、僚船ふじ丸に見送られ、出航したときの高揚感は今でも忘れられません。

3代目にっぽん丸は、初の新造客船として誕生し、全天候型のプール、2階建てのドルフィンホールなど、お洒落なデザインが印象的で、日本に到来したレジャークルーズ時代を予感しました。商船三井客船の名誉船長でもあった作家の阿川弘之氏や、画家の柳原良平氏も乗船し船出を祝福。ゲストエンターテイナーの尾崎紀世彦氏や今陽子氏によるショーなどが船出を飾りました。処女航海ながらも、安定感のある食事とサービス。加えて、香港、台湾での歓迎風景に、長年にわたり、日本の客船の灯をつなぎ続けた伝統と知名度が伝わってきました。

そんな華々しいデビューを遂げた、にっぽん丸が2021年10月22日から2泊3日の「にっぽん丸30周年記念クルーズ」を行いました。船内に入ると、あの処女航海のときの記憶がよみがえり、船名もそのままに、今もなお日本を代表する現役のクルーズ客船として活躍している姿に感動がこみ上げました。世界的に見てもこのような客船は希少です。その上、にっぽん丸はこの間、改装などを通して時代に合ったクルーズ船としての進化も遂げてきました。そんなにっぽん丸の歴史をたどり、未来へと結ぶ30周年記念イベントも船上で多数行われました。

例えば、山口直彦社長とデザイナー渡辺友之氏の対談「改装にまつわるストーリィ」は「海の女神の復活」をコンセプトにした2010年の大改装、その総仕上げとなった2020年の改装など、よりラグジュアリー化を図った改装の軌跡を披露。船上イベントでありながら渡辺氏が東京からリモート参加したことも画期的でした。

村上寛船長と川野恵一郎ゼネラルマネージャーによる「にっぽん丸四方山話」では、世界一周などのロングクルーズに関する思い出などを振り返り「処女航海で初めて18人のフィリピンクルーの混乗を試み、今ではその数が132人に増えている」という話にサービスの変遷と向上も感じました。

1 viaje

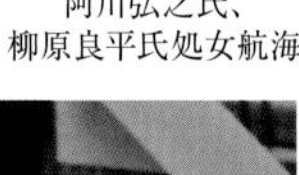

2 阿川弘之氏、柳原良平氏処女航海

3 改装にまつわるストーリィ

4 円形展望ジェットバス

5 ウエルカムシャンパン

30年前の雑誌から振り返る 3代目にっぽん丸のデビュー

1.クルーズトラベラー誌の原点『Viaje（ビアージェ）』。 2.客船界の重鎮・柳原良平氏（左）阿川弘之氏（中央）と。 3.リモートも使い改装秘話を紹介。 4.ジェットバスから富士を望み極楽気分！ 5.グランドスイートでウエルカムシャンパン。

6

7

8

9

2020年の改装で新しくできた料理実演を見せるシステム「にっぽん丸ショーケース」を使い、30周年記念ディナーの前菜デモンストレーションも行われました。

就航当初は2室だったスイート客室が、4種類13室に増え、日本のクルーズ船で唯一バトラーサービスが行われている点も進化と言えるでしょう。今回利用したグランドスイートは、幅が約12mもある広いベランダが特徴ですが、徳永チーフバトラーの計らいで、三保の松原を望む絶景ベランダ朝食が実現。さらに、この部屋の名物「オーシャンビューの円形ブローバス」に入り、目の前に迫る富士山を独り占め。文字通り「船上富士見風呂」を堪能しました。

そして圧巻は「オーシャンダイニング春日」での「30周年記念ディナー」。「スモークサーモン・スコッタートの前菜」、「パイ包み焼きスープ」、「オマールテールのテルミドール」、「黒毛和牛テンダーロインのトルヌード2021」、「30周年記念デザート」などの豪華なコースに合わせ、今夜は「にっぽん丸就航30周年記念シャンパーニュ」を開け、尊い歴史と広がる未来に乾杯！ 翌朝、祝いの満艦飾に彩られたにっぽん丸は華やかに30周年記念クルーズの幕を閉じたのでした。

華やかな記念フルコースとともに30周年をお祝い

6.ランスロ・ピエンヌと提携した30周年記念シャンパン。 7.「食のにっぽん丸」ならではの記念フルコース。 8.四方山話では歴史や思い出を懐かしんだ。 9.写真などで振り返る30周年の展示コーナー。 10.海に浮かぶ広いベランダで朝食を。 11.記念クルーズを祝い満艦飾でおめかし。 12.フィリピンの衣装でサービス。 13.にっぽん丸ショーケースの料理実演。

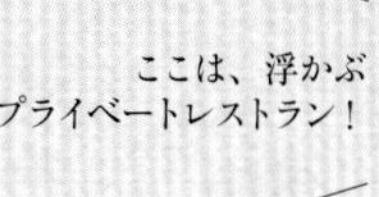

ここは、浮かぶ
プライベートレストラン！

10

11

12

13

Ship Data

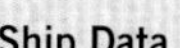

にっぽん丸
就航／改装年：1990／2010年
運航会社：商船三井客船
総トン数：22,472トン
全長／全幅：116.6／24メートル
乗客定員／乗組員数：524／230人
問い合わせ：商船三井客船
https://www.nipponmaru.jp

CRUISE Traveller Next Issue
春号のご案内

Special Feature

これからは癒やしと自分回復の旅
絶景航海。

時には心を癒やし、時にはエネルギーをもたらす、
地球が創り出した「絶景」が秘める力に注目したい。
次号では、海の果てに点在する特別で神聖な場所を
船で訪れるというスタイルを紹介。
豪華、快適はもちろん
心を揺さぶる感動の旅を完全ファイル。

これからの時代にふさわしい
地球のエネルギーを取り込む船旅へ。

新型コロナ感染症の影響で、引き続き運航休止や取材延期などが予想されております。
流動的な編集環境を鑑みながら、かつ、本誌の内容とクオリティの維持をはかるべく
次号の具体的な発売日・タイトル・内容のご案内は後日とさせていただきます。

情報は逐次、公式ホームページにてご案内いたします。
http://www.cruisetraveller.jp/

CRUISE Traveller ONLINE
www.cruisetraveller.jp
CRUISE Traveller公式サイトでは
取材風景なども公開しています。

[ISBN 978-4-908514-27-2]

Subscription
定期購読のご案内

季節ごとに世界の
クルーズ情報を
ご指定の住所に
お届けします。

■定期購読のお申し込み方法
（A、Bいずれかでお申し込みください。）

A

カスタマーセンターまでお電話ください。

0120-924-962
（受付時間は土日祝を除く平日10時～15時となります。）

B

右側とじ込みもしくは郵便局備え付けの払込取扱票でお申し込みください。

郵便局口座番号 **00280-8-135376**

※払込取扱票にお名前・ご住所・お電話番号をご記入のうえ、上記の口座番号に購読料金5,280円（税込み）をお振り込みください。
※払込取扱票の通信欄に「○号より定期購読希望」とご記入ください。

- ●原則、途中解約・返金には応じかねますのでご了承ください。
- ●2022年1月17日より、本誌とじ込みの「払込取扱票」による現金での払い込みに際して110円の手数料が加算されます。加算料金はお客様のご負担となりますのでご了承ください。また、お客様の「ゆうちょ口座」からの払い込みに際しては従来通り、加算料金なしで払い込みが可能です。
- ●ご配送は日本国内のみの対応となります。

ご購読料金
1年間／4冊
¥5,280（本体¥4,800+税10%）
送料は無料。

3月、6月、9月、12月の
各15日前後にお届けいたします。

船旅ファンのための優雅な集い［クルーズトラベラーサロン］に優先ご招待いたします。

横浜はじめて物語

今回は、1960年代の日本製ブリキのおもちゃを2点ご紹介します。

ブリキ製品は、何よりも型作りが大変なので、同じ型を使って色違いを作ることが多いのですが、この二人のバッターも同じ型から作られたプリント違いです。動力はバッテリーで、スイッチを入れるとバットを振ります。その前に、レバーを手で動かしてボールを台上にセットします。

手前はアメリカ選手で、胸にはオールスターの文字。ブルーのユニフォームに赤のアンダーシャツという組み合わせが象徴的です。台座には、レッドソックス、ニューヨークヤンキースなどのチーム名が並び、野球好きな子どもたちを夢中にさせたことでしょう。ボールのセット台には、ピッチャーとキャッチャーも描かれています。

奥は、日本のジャイアンツカラーのユニフォームに背番号3で、間違いなく長嶋茂雄さんのおもちゃです。こちらの台座にはホークス、バッファローズなどのチーム名が書かれています。

横浜は、日本で初めて野球の試合が行われた街。1871(明治4)年のことです。横浜の外国人居留地でチームが結成され、相手はアメリカ軍艦コロラド号の船員たちのチーム。現在の横浜スタジアムや横浜公園の辺りにクリケットグラウンドがあり、そこで試合をしたと居留地の新聞が伝えています。

アメリカには、同じ頃にプロ野球協会ができたということですから盛り上がっていたはず。アメリカ人教諭が日本の学校へ赴任するときにバットとグローブを持参して、熱心に教えたという記録も残ります。

慶応に1888年、早稲田に1901年に野球部が誕生して、1903年には第1回の早慶戦が行われたそうです。学生野球や高校野球が今も皆を熱くするのは、この歴史あってのことだと納得できますね。

1871年、日本初の野球の試合が横浜で行われました。

北原照久

1948年生まれ。
ブリキのおもちゃコレクターの
第一人者として知られている。
横浜、河口湖畔、松島、
羽田空港第一ターミナルなどで
コレクションの常設展示を行っている。
テレビ、ラジオ出演のほか講演も多数。
株式会社トーイズ代表取締役。

photo by Yoshiomi Goto

上田寿美子エッセイ集、ついに発売

上田寿美子のクルーズ！万才

豪華客船、45年乗ってます

45年の乗船歴をもとに、超豪華客船から家族でも楽しめるカジュアル船、極地探検船など、幅広い体験をもとに船旅の楽しさ、素晴らしさや驚きのエピソードを収録。クルーズファンはもちろん、番組を見て著者に興味をもった方々にも楽しく読んでいただけるエッセイ集です。

半世紀にわたり、世界の豪華客船から探検船まで取材したクルーズライターの第一人者。昨年、TBSテレビ「マツコの知らない世界」に出演、その経歴とユーモア溢れるキャラクターで人気を博し、同番組では初となる3回目の番組登場決定（2017年7月放送）。クルーズ講演を年50回ほどこなす人気ライター。

［定価］本体1,600円
［判型］四六版
［ISBN］978-4-908514-10-4

全国書店・honto にて大好評発売中！

Wellness

男女差はあるが人生100年の時代に入った。「死ぬまで自分の歯でかんでいきたい」と願うのなら、ぜひ、歯のケアはどのようにしていくのが一番いいのか知りたいものだ。

3年前、私は日経新聞の医療健康記事で虫歯や歯周病の発生は病原菌が原因ではなく、“下顎”に因果関係があるといった画期的な研究を取材した。それは、「下顎は、5kgもする頭骨から筋肉で吊り下げられたぶらんこのように揺れる骨格で、人が立っているときに身体の傾きを察知してバランスを取る姿勢制御センサーだ」という内容。姿勢が悪くなってくると身体が傾くので下顎の揺れが大きくなり、口の中で上顎の歯と下顎の歯がぶつかり（それをスウィング干渉という）、歯の破壊や歯槽骨の破壊現象が起きるということだった。つまり、菌の発生より先に破壊現象が起き、そこに菌が入るという理論。さらには首や肩凝り、腰痛や手足のしびれ、かみ合わせが悪い、なんだか不調といった不定愁訴もこの『スウィング干渉』が原因なのだ。

そして今年9月、「下顎骨は頭を起こすための振り子であり、歯群は傾いた頭が落ちないようにするための歯止め。これらは頭のバランスを維持する構造」といった増強エビデンスが日本直立歯科医学研究会の学会で発表された。歯の高さが十分ないと頭がますます傾き、不定愁訴が進行すると説かれた。その人それぞれの歯の低いところを診断して足りないところを盛り、落ちた頭を起こす進化したマウスピースの開発も行なわれた。

これらの理論に13年前より着目してきたのが歯科医師で直立歯科医学研究所（静岡県富士市）の臼井五郎院長だ。臨床を続ける中で実際、どんなにブラッシングや歯石除去をしても、歯周病（歯槽骨破壊）の進行を止められなかったり、口の中のかみ合わせを対称にしても調子が改善せず、非対称で改善した多くの実例がきっかけとなり、「もしかしたら首から下が非対称こそ自然なバランスをとってるのでは？」ということが研究につながった。現代の歯科矯正学では左右対称形態のみで語られていたが、マクロ世界では対称形態などないことに気づいた。全て現代歯学にはない『無意識運動の解析』でもある。専門家の理解のみならず、素人には難しい話だが、これらの話を聞いて、まず、頭のバランスを維持するためにも普段から姿勢を良くしようと感じた。それに、私の周りにいる姿勢がいい人は、50年以上ほとんど虫歯も無く歯の健康を自慢する人ばかりだ。「まさにその通り」と臼井院長。

では、実際に日常生活では何に気をつけていけばいいのか。「頭を起こし、姿勢を保つように意識したり、体幹を使うストレッチが効果的。スマホの生活は要注意」と院長。1日1分でいいので高さ2〜5cmの台や雑誌に足の前半分だけ乗せて、足裏が床と並行になるようにかかとを浮かせ、まっすぐ立つ運動もいいという。また、前述したその人それぞれの歯の低いところを診断して、足りないところを足し、落ちた頭を起こすマウスピースも作成する。よりよい人生とQOLを考えて、まずは歯から整えていきたいものだ。

「歯と下顎は、揺れる頭が落ちぬよう下で支える歯止めである」の図。

今回のテーマ 下顎の『スウィングバランス』

5kgの頭を支えているのはあごと歯群だった！下顎ケアで一生かめる歯に

『スウィングバランス』を整えて健康を取り戻す

人生の質を高める歯のウエルネス

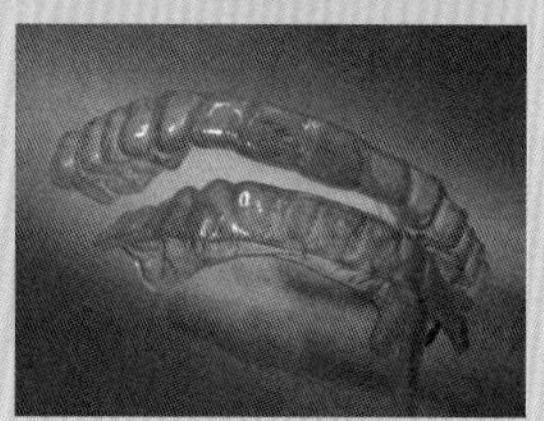

スウィング理論からの頭を起こし上げるマウスピース。歯そのものを作りな直したりせず、メガネのように装着するだけでバランス改善が可能。

図書館前歯科・直立歯科医学研究所
日本直立歯科医学研究会 主宰

臼井五郎

日本大学歯学部卒。東京女子医科大学口腔外科勤務を経て開院。厚生研究「咬合状態に起因する他臓器の異常」の臨床研究からスウィング理論の提唱。2009年動的平衡・顎口腔医学研究会（現・日本直立歯科医学研究会）発足。http://douken.kenkyuukai.jp著書「図説 直立動態と心身症状」「下顎平衡機能から考える直立二足歩行と歯科医療」等。研究会では「まっすぐ立つための歯科医療」構築中。http://agozure.com

ウエルネスライター

高谷治美

日本経済新聞『プラスI』の医療健康記事では最新医療から健康維持、よりよいウエルネスの提案について12年以上にわたり取材執筆を行う。また、国内外の生活文化・芸術・マナーなどを多角的に取材し、各界の著名人の人物記事、広告、書籍制作にも力を注ぐ。（一社）日本プロトコール&マナーズ協会の理事を務めている。

Economics

今回のテーマ
フェリー発着港の旅

四国・佐田岬はなはなと海の国道フェリー

「海上国道」の一つでもある、国道九四フェリー。
その発着地の愛媛・伊方町の港周辺に登場した新しい施設とは？

海なのに国道？ 日本には「海上国道」と呼ばれる道なき道があることをご存じでしょうか。国道に指定された海の道は、日本全国24路線。それぞれに国道番号が付されています。愛媛・伊方町の三崎港と大分・佐賀関を結ぶ国道九四フェリーがその一つ。豊後水道・東予海峡の国道197号線が航路で、片道所要約70分、1日16便で往来します。

乗降船時におすすめの休憩どころが、三崎港フェリー乗り場のすぐ目の前にある「佐田岬はなはな」です。佐田岬といえば、豊後水道に突出した全長50キロの日本一細長い半島で、自動車のタイヤ接地音が旋律となって流れ出すメロディー道路「佐田岬メロディーライン」が有名です。青い空と海、立ち並ぶ風力発電施設を眺めながらの絶景ドライブを目当てにマイカーやバイクで訪れる観光客も多く、彼らが吸い寄せられるように入る姿を目にします。

佐田岬はなはなは、2020年5月にオープンした伊方町観光交流拠点施設です。「はな」とは岬を指す言葉。しらす食堂と呼ばれるレストランでは、フェリーの出航を眺めながら宇和海で漁獲された新鮮しらす丼を食べることができます。晴れた日には四国側から九州が望める好立地です。

しらす食堂のしらすが新鮮なのには理由があります。しらす一筋の地元企業が10年以上前から六次産業化を進め、獲れたてを直ぐに加工できるよう網元が自社の加工場を持っているから。工場の直売施設なので値段も抑えられているのが特徴です。同施設にあるショップでは、釜揚げしらすや生しらすはもちろんのこと、ちりめん佃煮やしらすせんべいなど加工品が売れ筋です。また、しらす入りアイスクリームも興味を引くところ。さらにショップでは季節によって、伊勢えびやサザエ、アワビが生け簀で売られているほか、地元の新鮮な柑橘が年間を通して販売されています。併設されているカフェでは、美味しい珈琲や燻製バーガーが人気です。

ここで気になるのが施設のエネルギーです。今、自然エネルギーの活用が叫ばれていますが、まさにこの施設は次世代エネルギーが集結。木や石などの天然素材と新たな環境技術の融合で、四国初のNearly ZEB(ニアリーゼブ。Nearly Net Zero Energy Buildingの略称)を実現しています。ニアリーゼブとは、使用される一次エネルギーを省エネと創エネで25%以下に削減していることを指し、地球にやさしい建物なのがわかります。それらの仕組みをエネルギーギャラリーで知ることができます。

国道九四フェリーの車輌運賃は、プリウスクラスの5メートル未満が8860円。旅客運賃は大人ひとり1090円で、500円を追加すれば展望席が利用可能に。1500円追加なら個室の利用も可能です。乗船日59日前から乗船前日の23時までに国道九四フェリーの公式ホームページから予約、決済をすることで事前決済割引が適用されます。片道購入で5%引き、往復購入であれば往路5%・復路10%の割引になります。

旅のお供の一冊は、柳田国男の『海上の道』(岩波文庫)がおすすめです。遠い昔、日本の祖先たちは、どのような経路をたどって移り住み、いかなる技術や宗教・習俗を運んできたのか思いを馳せることでしょう。新型コロナウイルスが人類の移動を一時的に制限しましたが解禁された途端にガソリン代は急騰、私たちの家計を直撃しました。自然を満喫できる佐田岬の旅は、これからの旅のあり方やエネルギー問題について考えるよい機会にもなるはずです。

三密回避とマイクロツーリズムの人気はまだまだ続きそうな気配です。新Go Toキャンペーンや県民割など自治体独自の需要喚起策も上手に活用しながら、経済回復を慎重に進めていきたいものです。

四国と九州を最短距離で結ぶフェリー

(上) 国道九四フェリーの一隻「涼かぜ」は2021年に就航、そのほかに2隻が運航している。(下) 三崎港フェリー乗り場のすぐ目の前にある「佐田岬はなはな」では、新鮮なしらすを使った海鮮丼を味わえる。

淑徳大学
経営学部観光経営学科　学部長・教授
千葉千枝子
中央大学卒業後、銀行勤務を経てJTBに就職。1996年有限会社千葉千枝子事務所を設立、運輸・観光全般に関する執筆・講演、TV・ラジオ出演などジャーナリスト活動に従事する。国内自治体の観光審議委員のほかNPO法人交流・暮らしネット理事長、中央大学の兼任講師も務める。

Opinion

時代は「スモール＆ラグジュアリー」

今回のテーマ
いざ、南極へ

世界中で運航再開、ついに日本から行く南極クルーズ決定！

日本客船のクルーズが再開しているが、
海外フライ＆クルーズも始動、著者は南極へ。

失われた約2年という月日、長らく船旅から遠ざかっているのではないでしょうか？
国内では日本船のクルーズも徐々に再開されつつある。そして海外でもクルーズが再開されている。本誌が発売される頃、私はお客様と南極クルーズの船に乗船している。

「この最中、南極？」と思われるかもしれないが、「これ以上は待てない、今、どこかへ行きたい」という方もいらっしゃるのだ。これを生業としている私としてはありがたいことで、入念な下調べと準備をした上で、南極へ向かう決心をした。

船は、今年営業航海を開始した新しいポルトガルの船会社、アトラスオーシャンボヤージュ社の新造船「ワールドナビゲーター」。本誌新造船特集にも詳しく掲載されているのでぜひご覧いただきたい。私はこの船に今年の8月に乗船し、久しぶりに新設計の真新しい船に乗り、大いに触発されてきた。そしてこのワールドナビゲーターという船の南極クルーズが今年11月からスタート、私はお客様と同行する出発日を12月10日と設定した。そして早速プロモーションを開始、するとこれに行きたいとおっしゃってくださるお客様が現れた。我々は成田から全日空で米国オーランドへ向かう。ここからアトラスオーシャンボヤージュ社のチャーター機で南極クルーズの乗船地である南米大陸の最南端、アルゼンチンのウシュアイアへ向かう。

最近、南極へ行ってみたいという方は確実に増えている。皆さんそれぞれの思いを持っておられる。「もう世界中行きつくしたので、最後に南極へ行ってみたい」とか、「長年、南極への思いをはせてきた」という方など。

冒険者、冒険家という肩書の人が世の中にはいる。南極は名所旧跡を観光バスで回ったり、ショッピングやグルメを楽しんだりという、普通のクルーズ旅行とは全く異なる。建前上、いかなる国も領土権を主張せず、人間の英知によって汚されることのない、手つかずのままの美しい地球の姿を保っている、とても貴重な真っ白な大陸である。それほど恐れるほどの過酷な気象条件などはないが、南極大陸に降り立ち、時に強い風が吹けば、耳がちぎれそうに痛く感じることもあるだろうし、一生懸命美しい写真を撮ろうと夢中になっているその指は冷たくなったり、目の前には全く植物が生えない、ある種絶望的な山肌の景色を見ることもあるだろう。

冒険者、冒険家とはいったい誰のことを言うのか？それは、南極へ向かうお客様全てが冒険者であり冒険家だと私は考えている。果てしなく遠い南極へ行く、それは自分自身の人生の中の大きなチャレンジである。私はそのチャレンジを強く支持したい。なぜなら、私自身が過去3回も南極へ行くほど魅了されているからだ。自身の人生の中で南極大陸へたどり着けたことに大きな感謝の気持ちを持っている。ほんの一握りの人だけがたどり着ける場所だから。

人生最大級の感動 南極クルーズ

（上）船内施設の充実したワールドナビゲーター。南極クルーズでも快適に優雅なクルーズを楽しめる。写真はプールエリア。（下）大小の氷が生み出す造形美や野生動物との遭遇も南極クルーズの楽しみだ。

マーキュリートラベル代表
東山 真明
マーキュリートラベル代表。ボナン、シードリーム・ヨットクラブ、サガといった個性派のスモールシップに傾倒、年間70日程度、日本からのゲストと洋上で過ごす。大阪市出身。

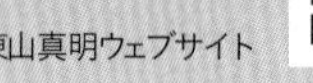

東山真明ウェブサイト

People

2021年9月に運航を再開した
セブンシーズスプレンダー

「安全安心に留意した船内で、変わらぬ『究極のラグジュアリー』を楽しんでもらいたい。」

今回のゲスト
ジョン・バロン
セブンシーズスプレンダー
クルーズディレクター

2000年、セブンシーズナビゲーターのプロダクションショーのメインシンガーとして客船でのキャリアをスタート。2004年、27歳にしてラディソンダイヤモンドのクルーズディレクターに就任。その後、育児休暇で7年間船から離れるもリージェントセブンシーズクルーズに復帰。セブンシーズエクスプローラーを経て、現在はセブンシーズスプレンダーのクルーズディレクターとして活躍。イギリス出身。

Q1 新型コロナ感染症による運航休止後、担当されるエンターテインメントやイベント運営に関して、以前と変わったことは？

洋上時間は以前と何も変わりません。素晴らしいショー、豊かな時間を提供するラウンジなど、ゆったりとした空間設計のたまものであるリージェントセブンシーズクルーズでは、ゲストが求める基準を満たした体験を提供しています。そのために、お客様の健康と安全は守るためのプログラムを導入、船内と陸上の両方で強力な措置を講じるとともに、すべてのゲストとクルーは二重ワクチン接種を受けているため、最も安全な環境を構築できています。

Q2 再開から2ヶ月ほど経ちましたが、ゲストの行動に変化は？

ゲストの行動を見ている限り、こちらも実際には何も変わってないように見えます。我々のゲストは非常に積極的な行動様式の方が多い。リージェントセブンシーズクルーズならではの比類のない体験、グルメレストランで絶妙な料理、プールサイドでシャンパン、オーシャンビュージムで無料のプログラム、世界中の魅力的な寄港地に出かける、それぞれの目的に合わせて楽しまれています。当社の特長でもある、無料のエクスカーションツアーというプログラムもゲストの背中を押しているのかもしれませんが、以前との相違はまったく見受けられません。これには、私たちも安堵しています。

Q3 日本人ゲストに適したセブンシーズスプレンダーの楽しみ方はなんでしょう？

航海中に少なくとも一度はコンステレーションシアターを体験し、私たちの壮大なプロダクションショーを楽しんでください。私たちのヒーローショー Diamond Runはリージェントセブンシーズクルーズのモダンで革新的な新しいショーです。ショーの前には豪華なメリディアンラウンジでカクテルはいかがでしょう。洗練されたエレガントな内装のラウンジは、それ自体がショーの一環、お気に入りのカクテルやリージェントならではの逸品がゲストの気分を盛り上げます。オブザベーションラウンジもお勧めです。朝は息を呑むような入港シーンを楽しみ、夕方には落ちる夕日とともに美味しいドリンクとダンス音楽、凄くロマンチックです。船内のスペシャリティレストランを巡ることを忘れないでください。ジューシーなフィレミニョンを楽しめる「プライム7」は日本人ゲストにも好評です。「パシフィックリム」ではアジア各地の有名料理をベースにしたアジアンフュージョンが楽しめます。ちょっと日本の食事が恋しくなったときに最適なスポットですよ。

Q4 日本でお気に入りの街はどちらですか？

私は幸運にも、過去23年間に何度か日本を船で訪れていますが、やはり東京が大好きです。とはいえ、正直に言うと過去訪れたどこの港町も素晴らしい。なぜならば、客船入港に際してのウェルカムセレモニーがどこも素晴らしい。このような歓迎ぶりを表してくれるのは世界広しといえでも日本のみ。心温まるおもてなしを受ける度に、それぞれの港が好きになってしまうのです。

想像を超えるラグジュアリーを提供する船内空間

（上）人気の常設料理教室。20名ほどのゲストとともにシェフの解説をもとに実際に調理、試食を楽しむ。ガラス張りのスタジオは洋上一のスペースと評価が高い。（下）アジアレストラン「パシフィックリム」では巻き寿司風オードブルやタイ風焼きそばなど日替わりで提供され、日本人ゲストにも人気。

News & Topics

クルーズトラベラーのための
情報コレクション

飛鳥、2022年3月出発のクルーズ商品発表

郵船クルーズは、飛鳥IIによる、2022年3月出発のクルーズ商品スケジュールを発表。今回発表のクルーズ商品では、横浜と神戸を起点に洋上で優雅に過ごす2泊3日のクルーズ、寄港地観光も楽しめる3泊4日のクルーズを設定。また、船上でも春の訪れを感じられるよう、飛鳥II総料理長による旬の食材をふんだんに使用した「春の日ディナー」や、華やかな昼食「春御膳」を提供(スケジュールはP82参照)。

■問い合わせ　郵船クルーズ
https://www.asukacruise.co.jp

にっぽん丸、2022年1〜3月出発の商品発表

商船三井客船は、にっぽん丸による2022年1〜3月出発の商品スケジュールを発表。新春には、藤原歌劇団によるオペラクルーズや、初詣ができるこんぴらさんクルーズなどを設定。今回発表のクルーズ商品では、広島、高松など地方発着のクルーズが充実し、門司発着では「ぐるり四国一周クルーズ」を予定している。2月には神戸発着でにっぽん丸30周年記念クルーズを実施(スケジュールはP82参照)。

■問い合わせ　商船三井客船
https://www.nipponmaru.jp

ぱしふぃっくびいなす、2022年3〜5月出発の商品発表

日本クルーズ客船は、ぱしふぃっくびいなすによる2022年3〜5月出発の商品スケジュールを発表。3月19日発の「びいなす瀬戸内海八景クルーズ」は、瀬戸内海航行時の船上から眺められるポイントに着目したクルーズ。4月には世界遺産の奄美・屋久島2島めぐりのクルーズを2本設定。同社では乗船前や乗船当日、乗船中に実施する8つの感染症対策を「びいなす安全八策」として掲げて、対策を強化していく。

■問い合わせ　日本クルーズ客船
https://www.venus-cruise.co.jp

シルバーシークルーズ、南極クルーズ再開

シルバーシークルーズが南極クルーズを再開。シルバーエクスプローラーとシルバークラウドは、2022年3月まで、多彩なコースで南極大陸を訪れる。また、同社では、2021年12月11日より、ドレーク海峡を通過せずに南極大陸に直行できるフライクルーズを開始。2022年1月27日からは、20日間かけて南極圏を越え、南緯69度に到達することを目指す「ディープ・サウス・エクスペディション」を実施予定。

■問い合わせ　シルバーシークルーズ
https://www.silversea.com

MSCベリッシマ船上でのミュージッククルーズが登場

1991年横浜で結成、世界のレゲエアンバサダーとして活躍する「マイティークラウン」。結成30周年ならびにサウンド活動のファイナルステージとして音楽と船旅が融合した「FAR EAST REGGAE CRUISE」を実施すると発表した。舞台はMSC ベリッシマ。2022年9月17日に横浜を出航、チェジュ島、鹿児島を周遊する6日クルーズで従来にない洋上音楽空間を創造するという。

■問い合わせ　クルーズプラネット
https://www.cruiseplanet.co.jp
https://www.fareastreggaecruise.com

「セレブリティアセント」がスティールカットセレモニー

セレブリティクルーズは、「セレブリティアセント」のスティールカットセレモニーを、フランスのアトランティーク造船所にて2021年11月に実施した。同船はエッジシリーズの4隻目として建造され、2023年春にデビューを予定。また、エッジシリーズの2隻目の「セレブリティエイペックス」は1年越しの命名式を11月に米国で行った。2023年には「セレブリティビヨンド」の就航が予定されている。

■問い合わせ
https://www.celebritycruises.com

ホテル インターコンチネンタル 東京ベイのクリスマスケーキ

ホテル インターコンチネンタル 東京ベイでは、クリスマスシーズンに、エグゼクティブ シェフパティシエ德永によるクリスマスケーキを販売中。ケーキ4種類、シュトーレン2種類、チョコレートパズル2種類を用意。「クリスマスショートケーキ」「ノエルソワール」など。販売期間は2021年12月19日〜12月25日。年末年始には新たな年の幕開けを、美味しい料理とともに祝う「お正月ステイプラン」なども設定。

■問い合わせ　ホテル インターコンチネンタル 東京ベイ
https://www.interconti-tokyo.com

オーシャンドリーム、鉄道模型レンタルレイアウト事業を開始

世界のリバークルーズ、冒険クルーズなどユニークでパーソナルな小型客船を日本に紹介してきたオーシャンドリーム。本社移転を契機に、隣接した店舗を利用した鉄道模型レンタルレイアウト「トレインドリーム」を開設した。HOゲージを対象としたレイアウトのテーマは昭和初期の「箱根越え」。4つの線路と自然風景を再現した空間が再現され、利用者は自身が所有する模型を持参して運転を楽しむスタイル。

■問い合わせ　トレインドリーム
https://www.traindream.jp

横浜港の魅力が詰まったオリジナルカレンダー発売

横浜港をより身近な存在とするためにさまざまな活動を行う一般社団法人・横浜港振興協会より、人気の「横浜港カレンダー2022年度版」が発売された。長年、横浜を拠点に活動する写真家・森日出夫氏による撮り下ろし作品を使用し、観光、にぎわい、物流の3つの顔を持つ横浜港の四季折々の表情を毎月楽しめる構成となる。サイズB4判(縦25.7・横36.4cm)、オールカラー、月めくり12枚綴り、販売価格は1,530円(税込み)。

■問い合わせ ポートラバーズショップ
https://www.portlovers.shop

Gadget

旅先での楽しみを演出する小道具

意外なシーンで取材者を救う 小さなトラベルツール。

仕事柄、これからクルーズを楽しみたいという方々の前でお話をさせていただく機会も多い。お勧めのクルーズライン、人気のエリア、ちょっとした裏技的な船内の過ごし方と話は進み、最後に失敗談で講演を終えるのが自分のスタイルだ。洋上での失敗には枚挙にいとまのないなかで、これは困ったという持ちネタのうち、特段に来場の方々から同意を得る話として「栓抜き」がある。

話の組み立てはこんな感じだ。自分は下船をしたら風光明媚な観光地に加えて必ず地元のスーパーに立ち寄る。そこで陳列されている商品や小物を見て、そこに暮らす人々の暮らしぶりを想像するのが楽しいからだと続く。さらに、せっかくだから少しはその暮らしに寄り添うべく、ちょっとしたオードブルやローカルビールを買いこみ、その日の取材のあとに楽しむことにするとつなげる。なぜだろうか、味のあるラベルは瓶ビールが多い。そこから話は急展開。キャビンに「栓抜き」が備えられていない慌てる自分を再現し笑いを誘う。奥歯でコーラの栓を抜いた10代とは違い、この年でその冒険は難しいという下りが一番盛り上がるところだ。同じようにオープナーを忘れて困ったワイン編もある。話の顛末として、クルーに頼んで栓抜きやワインオープナーを借りてことなきを得ましたが、皆さんもお気をつけてと話を閉じるのが小話の構成だ。感染症対策で船内持ち込みについては今までのおおらかな対応とは異なるようなので、今後は注意が必要だが、洋上で味わうローカルビールは僕には捨てがたい楽しみの一つだ。

そんな失敗を経て、自分のトラベルケースには乗船中に使える小道具が数種類格納されたトラベルツールが常に入れてある。栓抜き、ワインオープナーはもちろん、撮影機材のゆるみを直すためのドライバーや千枚通しも必要だ。小さいゆえに無くすことを前提に常に2、3個はトラベルケースに放り込んでおく。だから数年に一度は新しいトラベルツールを買い求めるのだが、多くの製品から自分が求めるツールが格納されたアイテムを選ぶのが、殊の外、楽しいのだが、最近目についたのが黒いボディーを持つビクトリノックスの製品。ビクトリノックスといえば赤が思い浮かぶので少し新鮮だ。同社では新しいブラックボディーのシリーズに「オニキス」と名付けている。オニキスとは黒瑪瑙（くろめのう）、邪気や悪気をはらう魔除けのパワーストーン、キリスト教では祈りの際に使うロザリオの素材として用いられてきたという。そんなボディーカラーの逸品と一緒に、これからも世界の港町でローカルビールを引き続き楽しんでみたいと考えているところだ。

〈今回の逸品〉
VICTORINOX
マルチツール
ブラックコレクション

モノクロームの美しさと機能美が見事に融合したクルーズの必需品

魔除けに効果があるといわれるパワーストーン「オニキス」の深く光沢のあるブラックをイメージしたボディカラー、ツール表面にも特殊なコーティング加工を施したことで特別感を醸し出すビクトリノックスの新シリーズ。ロック付きラージブレード、カン切り、栓抜き、コルク栓抜きからマイナスドライバーにわたる12種類のツールを小さなボディに格納。長めのクルーズライフ、特にラグジュアリーな冒険クルーズには欠かせない逸品。すべてのナイフとツールには最上級のステンレス鋼が用いられ、材料および仕上がりの欠陥に対する永久保証は製品に対する自信の表れ。

レンジャーグリップ55
オニキスブラック
17,600円（税込み）
サイズ／130×22.5mm・重量／166g
ビクトリノックス公式サイト
https://www.victorinox.com/jp/ja

（上）特別感を与える深みのある黒いボディは、通常のマルチツールに比べて一回り大きく、くぼみがあり握りやすいのも注目。（下）クイーンエリザベス就航時に読者プレゼントとして制作したキュナード社ロゴ入りのマルチツール。数年間のぞんざいな扱いにも耐えてきた大切な旅の相棒（本人私物）。

本誌編集長
茂木政次
雑誌編集者。大学卒業後、旅行会社にて商品企画、マーケティング業務に従事。その後、東京ニュース通信社に入社、クルーズ情報誌「船の旅」編集部に配属。2007年より同誌編集長に就任。2012年に本誌創刊に参画。クルーズオブザイヤー選考委員、三越クルーズファッションカタログ監修なども務める。

Back issues

世界のクルーズシーンを紹介する季刊誌

定価1,320円(本体1,200円+税10%)/3・6・9・12月発行

2021年10月
小さな船旅、優雅な船旅。
ISBN978-908514-25-8
この秋行きたい、身近で安全安心な日本の船旅を紹介。日本客船の魅力から、近年クオリティアップが著しい長距離フェリーの船内施設を徹底解説。

2021年4月
にっぽんの客船アーカイブス
ISBN978-908514-24-1
世界に誇る日本の客船文化を歴史から読み解く一冊。前半はミュージアム収蔵を軸に、後半では海事史家・野間恒のエッセイを軸に優雅な船旅文化を紹介。

2020年12月
幸せのクルーズライフ2021
ISBN978-908514-23-4
「乗るだけで笑顔になれる」「幸せに包まれる」クルーズを紹介。改装間もない飛鳥IIを上田寿美子が案内するなどハッピークルーズの数々がここに。

2020年6月
大人が愛する究極の冒険航海
ISBN978-908514-22-7
いま世界では冒険スタイルのクルーズが人気だ。シルバーシークルーズのラグジュアリーな冒険クルーズを軸にその魅力に迫ってみた。

2020年3月
シンガポール100の情熱
ISBN978-908514-21-0
アジアNo.1クルーズハブとして人気の高まるシンガポール。世界での唯一無二の存在感を放つ小さな港町の最新情報を、多様な角度で掘り下げた一冊。

2019年12月
ダグラス・ワードと、最上の航海へ。
ISBN978-908514-20-3
世界で最も高名なクルーズ評論家ダグラス・ワード。50年にわたる観察眼から導き出す、いま最も乗るべき客船の数々をグラフィックにレポート。

2019年9月
ネイチャークルーズ入門
ISBN978-4-908514-19-7
大自然に向き合い、動物たちに出会う。秘境と言われる場所、そこに行かなければ出会えない感動を求めて。すごい、かわいいに出会うクルーズガイド。

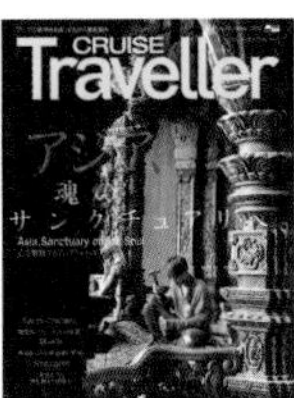

2019年6月
アジア、魂のサンクチュアリへ。
ISBN978-4-908514-18-0
アジアの港には多様な街の文化と感動が待っている。9つの街を巡るアジアクルーズのグラフィックレポート。同じ街は二つと無かった。

2019年3月
ゆえに、シルバーシーを愛す。
ISBN 978-4-908514-17-3
創業25周年を迎えた、ラグジュアリークルーズの騎手としての輝きを放つハイブランド、シルバーシークルーズの魅力に迫る。

クルーズトラベラーから生まれた小さなブックシリーズ

2017年7月
上田寿美子のクルーズ!万才
ISBN978-4-908514-10-4
テレビでおなじみ上田寿美子によるエッセイ集。45年の乗船経験をもとに船旅の素晴らしさを楽しく紹介。
定価1,600円(税別)

2016年7月
飛鳥ダイニング
ISBN978-4-908514-05-0
日本の名船、飛鳥II。大人たちを楽しませてきた料理、空間、もてなし術から美食の歴史までを一挙公開。
定価2,000円(税別)

2016年3月
極上のクルーズ手帳
ISBN978-4-908514-02-9
クルーズコーディネーター喜多川リュウが長年の乗船経験を基にまとめたクルーズ解説書の決定版。
定価1,600円(税別)

2015年7月
ONE OCEAN by Kazashito Nakamura
ISBN978-4-9907514-9-4
写真家・中村風詩人によるファースト写真集。世界3周分を航海して撮り続けた水平線が一冊の本に。
定価2,200円(税別)

■バックナンバーのお求めは

A>お近くの書店にてご注文ください。
各刊のISBNコードをお伝えいただくとスムーズにご注文いただけます。

B>honto honto.jpでもご注文可能です。
すべて▼ クルーズトラベラー 検索
クルーズトラベラーで検索すると一覧が表示されます。

バックナンバーに関するお問い合わせ先

クルーズトラベラーカスタマーセンター
〒104-0061
東京都中央区銀座6-14-8
銀座石井ビル4F
TEL.0120-924-962(土日祝を除く平日10時~15時)

インフォメーション

クルーズトラベラーブックスのご案内

飛鳥ダイニング

ASUKA DINING

名物料理から、密かに人気のおやつやB級グルメなど。料理を切り口に飛鳥IIの魅力を探ります。また、後半では、上質を維持するために繰り広げられる料理人、ウェイターの日々の取り組みも紹介。料理から見えてくる飛鳥IIが一流の客船でありつづける理由を楽しく紹介する1冊です。

世界に誇る、日本の名船、飛鳥II。

違いのわかる大人を楽しませてきた料理、空間、もてなし術から歴史まで「飛鳥のダイニングはいつも上質」をテーマに、食卓をとりまく取り組みを一挙公開します。

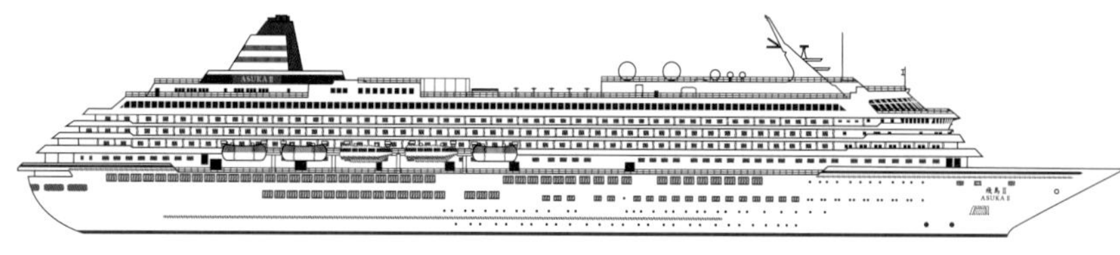

［価格］本体2,000円（税別）
［判型］A4変型
［ISBN］978-4-908514-05-0

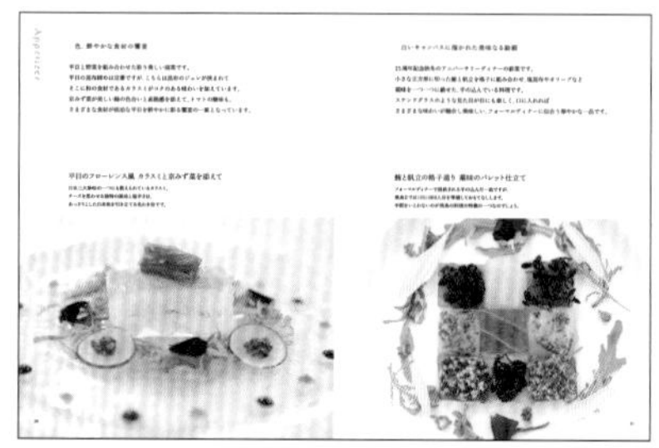

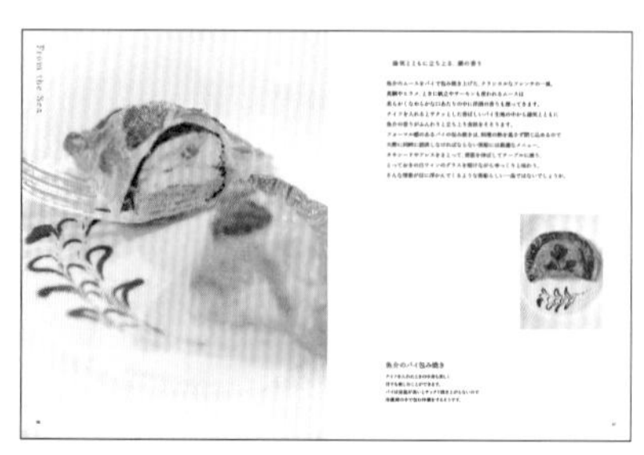

全国書店・honto ほかネット書店で発売中

秋田の鍋料理～秋田港

秋田を代表する郷土料理として真っ先に思い浮かぶのは「きりたんぽ鍋」ですが、この他にも冷えた体をじんわりと温めてくれる「だまこ鍋」や「石焼料理」、「芋の子汁」など、冬にぴったりの美味しい鍋料理があります。ぜひ、ご賞味ください！

■秋田県公式観光サイト「アキタファン」
https://akita-fun.jp/featured_contents/gourmet

年頭恒例の特殊神事、難波の綱引～大阪港

巨大な獅子頭をかたどった絵馬殿が特徴の難波八阪神社。毎年1月第3日曜に実施の無形民俗文化財に指定されている綱引神事は、古伝にならい八岐大蛇（やまたのおろち）形の綱を作りその年の恵方に引き合います。必見です！

■難波八阪神社公式HP
https://nambayasaka.jp

あん餅雑煮～高松港

香川県民の1年は、「あん餅雑煮」をいただくことから始まります。江戸時代、高松藩は高級品である和三盆の製造に成功し、庶民もせめてお正月には贅沢しようと食されるようになったのが始まりと言われています。現在、高松港に近い日本一長いアーケードの商店街では、一年中、提供しているお店もあります。

■紹介HP：
https://www.kensanpin.org/product/local-cuisine/13845/

楽しい港スタイル集めました

rui+tonami

［ルイタス・トナミ］

「港スタイル」逆さま読みの当コーナーでは、楽しい、美しいの集積地にっぽんの港の旬な情報を紹介しています。

沖永良部島で洞窟探検～和泊港

鹿児島県奄美群島にある隆起サンゴ礁の島、沖永良部島には、約200～300の大鍾乳洞群があります。
四季を通じて熱帯・亜熱帯の花々が咲く「花と鍾乳洞の島」で、絶景と探検気分を楽しめる人気のケイビングツアーを体験してみませんか？

■鹿児島観光サイト「かごしまの旅」
https://www.kagoshima-kankou.com/s/spot/52132/

三陸鉄道「こたつ列車」「洋風こたつ列車」～ 宮古港

冬の風物詩「こたつ列車」が12月中旬から3月末まで（「洋風こたつ列車」は2月末まで）の土日祝日限定で運行します。久慈～宮古のこたつ列車には「なもみ」が、宮古～盛の洋風こたつ列車には「ハイカラさんガイド」が登場。三陸海岸の絶景とともに楽しい車内イベントと特製のお弁当をお楽しみください。

■三陸鉄道HP
https://www.sanrikutetsudou.com/

童謡詩人のやさしく清らかな世界に誘う～長門市・仙崎港

長門市には「五名湯」と呼ばれる5つの温泉がありますが、その1つ、長門湯本温泉は開湯600年を超える山口県で最も古い歴史を持つ温泉です。冬の長門湯本温泉では、まちの中心を流れるおとずれ音信川を舞台に、長門市仙崎出身の童謡詩人「金子みすゞ」の詩をテーマにした灯りイベント「音信川うたあかり」が開催されます。温泉街での、特別なひと時をお楽しみください。

■長門湯本温泉 公式観光サイト
https://yumotoonsen.com

蔵開き（盛田）～常滑港

今から350年前より常滑では日本酒が作られてきました。伝統のある酒蔵が新酒をお披露目する蔵開きが2月に行われます。出来立てだからこそ味わえる特別な日本酒を是非ご賞味ください。

■（一社）とこなめ観光協会HP
https://www.tokoname-kankou.net/contents/event01-15.html

Cruise Line Directory クルーズラインディレクトリー

AsukaⅡ

ゆとりの空間で楽しむ
日本最大級の客船

郵船クルーズ	t	乗客定員	乗組員数	全長	全幅	就航・改装
AsukaⅡ 飛鳥Ⅱ	50,444	800	470	241	29.6	2006

郵船クルーズ
TEL. 0570-666-154
http://www.asukacruise.co.jp

Nippon Maru

伝統を受け継ぐ
和のおもてなし

商船三井客船	t	乗客定員	乗組員数	全長	全幅	就航・改装
Nippon Maru にっぽん丸	22,472	524	230	116.6	24	2010

商船三井客船
TEL. 0120-791-211
http://www.nipponmaru.jp

Pacific Venus

ふれんどしっぷの
温かみあふれる客船

日本クルーズ客船	t	乗客定員	乗組員数	全長	全幅	就航・改装
Pacific Venus ぱしふぃっくびいなす	26,594	644	204	183.4	25	1998

日本クルーズ客船
TEL. 0120-017-383
http://www.venus-cruise.co.jp

Carnival Cruise Lines

"ファンシップ"が合言葉、
世界最大のクルーズライン。

カーニバルクルーズライン	t	乗客定員	乗組員数	全長	全幅	就航・改装
Carnival Conquest カーニバルコンクエスト	110,000	2,974	1,150	290.47	35.36	2002
Carnival Breeze カーニバルブリーズ	130,000	3,690	1,386	306	37.18	2012
Carnival Sunshine カーニバルサンシャイン	101,353	2,642	1,050	272.19	35.36	1996
Carnival Dream カーニバルドリーム	130,000	3,646	1,367	306	37.19	2009
Carnival Ecstasy カーニバルエクスタシー	70,367	2,056	920	260.6	31.39	1991
Carnival Elation カーニバルイレーション	70,367	2,052	920	260.6	31.39	1998
Carnival Freedom カーニバルフリーダム	110,000	2,974	1,180	290.47	35.36	2007
Carnival Glory カーニバルグローリー	110,000	2,974	1,180	290.47	35.36	2003
Carnival Horizon カーニバルホライゾン	133,500	3,930	1,450	322	37	2018
Carnival Legend カーニバルレジェンド	88,500	2,124	930	293.52	32.2	2002
Carnival Liberty カーニバルリバティ	110,000	2,976	1,180	290.47	35.36	2005
Carnival Magic カーニバルマジック	130,000	3,690	1,386	306	35.36	2011
Carnival Miracle カーニバルミラクル	88,500	2,124	910	293.52	32.2	2004
Carnival Panorama カーニバルパノラマ	133,500	3,954	1,450	322	37	2019
Carnival Paradise カーニバルパラダイス	70,367	2,052	920	260.6	31.39	1998
Carnival Pride カーニバルプライド	88,500	2,124	910	293.52	32.2	2002
Carnival Sensation カーニバルセンセーション	70,367	2,056	920	260.6	31.39	1993
Carnival Spirit カーニバルスピリット	88,500	2,124	910	293.52	32.2	2001
Carnival Splendor カーニバルスプレンダー	113,000	3,006	1,503	290.17	35.36	2008
Carnival Triumph カーニバルトライアンフ	101,509	2,758	1,090	272.19	35.36	1999
Carnival Valor カーニバルヴァラー	110,000	2,984	1,150	290.47	35.36	2004
Carnival Victory カーニバルビクトリー	101,509	2,758	1,090	272.19	35.36	2000
Carnival Vista カーニバルビスタ	133,500	3,934	1,450	321	—	2016
Mardi Gras マルディグラ	180,000	5,500	—	344	—	2020

アンフィトリオン・ジャパン
TEL. 03-3832-8411
http://www.amphitryon.co.jp

Celebrity Cruises

きめ細かなサービスが売りの
エレガントなクルーズ。

セレブリティクルーズ	t	乗客定員	乗組員数	全長	全幅	就航・改装
Azamara Journey アザマラジャーニー	30,277	694	390	180	25	2000
Azamara Quest アザマラクエスト	30,277	694	390	180	25	2000
Celebrity Apex セレブリティエイペックス	129,500	2,918	1,320	306	39	2020
Celebrity Constellation セレブリティコンステレーション	91,000	2,034	920	294	32	2002
Celebrity Eclipse セレブリティイクリプス	122,000	2,850	1,246	314	36	2010
Celebrity Edge セレブリティエッジ	129,500	2,918	1,320	306	39	2018
Celebrity Equinox セレブリティイクノス	122,000	2,850	1,246	314	36	2009
Celebrity Flora セレブリティフローラ	5,739	100	—	101	16	2019
Celebrity Infinity セレブリティインフィニティ	91,000	2,050	999	294	32	2001
Celebrity Millennium セレブリティミレニアム	91,000	2,034	999	294	32	2000
Celebrity Silhouette セレブリティシルエット	122,000	2,886	1,233	314	36	2011
Celebrity Solstice セレブリティソルスティス	122,000	2,850	1,246	314	36	2008
Celebrity Summit セレブリティサミット	91,000	2,038	999	294	32	2001
Celebrity Xpedition セレブリティエクスペディション	2,824	92	64	90	14	2004

クルーベル・コミュニケーション・ジャパン
https://www.celebritycruises.com

Crystal Cruises

日本人の感性にマッチした
ラグジュアリーな外国船。

クリスタルクルーズ	t	乗客定員	乗組員数	全長	全幅	就航・改装
Crystal Endeavor クリスタルエンデバー	20,000	206	—	164.5	23.4	2021
Crystal Serenity クリスタルセレニティ	68,870	1,070	655	250	32.2	2003
Crystal Symphony クリスタルシンフォニー	51,044	922	566	238	30.2	1995

クリスタルクルーズ
https://www.crystalcruises.jp

Cunard

英国の誇りと伝統を感じる
クルーズライン。

キュナード	t	乗客定員	乗組員数	全長	全幅	就航・改装
Queen Elizabeth クイーンエリザベス	90,400	2,092	1,003	294	32.25	2010
Queen Mary2 クイーンメリー 2	151,400	2,620	1,253	345	41	2004
Queen Victoria クイーンヴィクトリア	90,000	2,000	1,001	294	32.3	2007

キュナードライン ジャパンオフィス
http://www.cunard.jp

t…トン(t)　乗客定員(人)　乗組員数(人)　全長(m)　全幅(m)　就航・改装(年)

Costa Cruises
陽気なイタリアンスタイルが魅力、
アジアクルーズも充実。

コスタクルーズ	t			↕	↔	
Costa Atlantica コスタアトランチカ	86,000	2,680	897	292.5	32.2	2000
Costa Deliziosa コスタデリチョーザ	92,600	2,826	934	294	32.3	2010
Costa Diadema コスタディアデマ	132,500	4,947	1,253	306	37.2	2014
Costa Favolosa コスタファボローザ	114,500	3,800	1,100	290	35.5	2011
Costa Fascinosa コスタファシノーザ	113,200	3,800	1,100	290	35.5	2012
Costa Firenze コスタフィレンツェ	135,500	5,200	1,280	323.5	37.2	2021
Costa Fortuna コスタフォーチュナ	103,000	3,470	1,027	272	35.5	2003
Costa Luminosa コスタルミノーザ	92,600	2,826	1,050	294	32.3	2009
Costa Magica コスタマジカ	103,000	3,470	1,027	272	35.5	2004
Costa Mediterranea コスタメディタラニア	86,000	2,680	897	292	32.2	2003
Costa Pacifica コスタパシフィカ	114,500	3,780	1,100	290	35	2009
Costa neoRiviera コスタネオリビエラ	48,200	1,727	500	216.5	28.8	1999
Costa Serena コスタセレーナ	114,500	3,780	1,100	290	35.5	2007
Costa Venezia コスタベネチア	135,500	5,260	—	323.6	37.2	2019

コスタクルーズ
http://www.costajapan.com

Disney Cruise Line
ディズニーの世界を
満喫できるクルーズライン。

ディズニークルーズライン	t			↕	↔	
Disney Dream ディズニードリーム	128,000	4,000	1,458	340	38	2011
Disney Magic ディズニーマジック	83,000	2,400	975	294	32	1998
Disney Wonder ディズニーワンダー	83,000	2,400	975	294	32	1999

郵船トラベル
TEL. 0120-55-3951
http://www.ytk.co.jp/dis/index

Dream Cruises
美食やホスピタリティが魅力の
アジア初のプレミアム客船

ドリームクルーズ	t			↕	↔	
Explorer Dream エクスプローラードリーム	75.338	1,856	1,225	268	32	1999
Genting Dream ゲンティンドリーム	150,695	3,352	2,016	335	40	2016
World Dream ワールドドリーム	150,695	3,352	2,016	335	40	2017

ゲンティンクルーズライン
スタークルーズ日本オフィス
TEL. 03-6403-5188
http://www.dreamcruise.jp

Holland America Line
美術館のような内装も魅力の
クルーズライン。

ホーランドアメリカライン	t			↕	↔	
Amsterdam アムステルダム	62,735	1,380	600	238	32.2	2000
Eurodam ユーロダム	86,273	2,104	929	285.3	32	2008
Koningsdam コーニングズダム	99,500	2,650	—	297	35	2016
Maasdam マースダム	55,575	1,627	580	219.21	30.8	1993
Nieuw Amsterdam ニューアムステルダム	86,273	2,104	929	285	32.2	2010
Nieuw Statendam ニュースタテンダム	99,500	2,666	—	297	35	2019
Noordam ノールダム	82,318	2,457	800	285	32.21	2006
Oosterdam オーステルダム	82,305	1,916	817	285	32.22	2003
Prinsendam プリンセンダム	38,848	835	428	204	28.9	1988
Rotterdam ロッテルダム	99,836	2,668	—	297	35	2021
Veendam ヴィーンダム	57,092	1,719	580	219.21	30.8	1996
Volendam フォーレンダム	61,214	1,850	615	237.91	32.25	1999
Westerdam ウエステルダム	82,348	2,455	817	285.24	32.21	2004
Zaandam ザーンダム	61,396	1,850	615	237	32.25	2000
Zuiderdam ザイデルダム	82,305	2,387	817	285.42	32.25	2002

オーバーシーズトラベル
TEL. 03-3567-2266
http://www.cruise-ota.com/
holland

MSC Cruises
地中海生まれの
イタリアンスタイルクルージング。

MSCクルーズ	t			↕	↔	
MSC Armonia MSCアルモニア	65,542	2,679	721	274.9	32	2004
MSC Bellissima MSCベリッシマ	167,600	5714	—	315.83	43	2019
MSC Divina MSCディヴィーナ	139,072	4,345	1,388	333.3	37.92	2012
MSC Fantasia MSCファンタジア	137,936	4,363	1,370	333.3	37.92	2008
MSC Grandiosa MSCグランディオーサ	181,000	6,334	1,704	331.43	43	2019
MSC Lirica MSCリリカ	65,591	2,679	721	274.9	32	2003
MSC Magnifica MSCマニフィカ	95,128	3,223	1,038	293.8	32.2	2010
MSC Meraviglia MSC メラビリア	171,598	5,714	1,536	315	43	2017
MSC Musica MSCムジカ	92,409	3,223	1,014	293.8	32.2	2006
MSC Opera MSCオペラ	65,591	2,679	728	274.9	32	2004
MSC Orchestra MSCオーケストラ	92,409	3,223	1,054	293.8	32.2	2007
MSC Seaside MSCシーサイド	160,000	5,179	1,413	323	41	2017
MSC Seaview MSCシービュー	160,000	5,179	1,413	323	41	2018
MSC Sinfonia MSCシンフォニア	65,542	2,679	765	274.9	32	2005
MSC Splendida MSCスプレンディダ	137,936	4,363	1,370	333.3	37.92	2009
MSC Poesia MSCポエジア	92,627	3,223	1,388	293.8	32.2	2008
MSC Preziosa MSCプレチオーサ	139,072	4,345	1,388	333.3	37.92	2013

MSCクルーズジャパン
TEL. 03-5405-9211
http://www.msccruises.jp

Norwegian Cruise Line

楽しみ方自由自在の、
フリースタイルクルージング。

ノルウェージャンクルーズライン	t	乗客定員(人)	乗組員数(人)	全長(m)	全幅(m)	就航・改装(年)
Norwegian Breakaway ノルウェージャンブレイクアウェイ	144,017	4,000	1,753	324	39.7	2013
Norwegian Bliss ノルウェージャンブリス	168,028	4,004	1,716	331.4	41.4	2018
Norwegian Dawn ノルウェージャンドーン	92,250	2,224	1,126	294.1	32	2001
Norwegian Encore ノルウェージャンアンコール	167,800	3,998	1,735	333	41.4	2019
Norwegian Epic ノルウェージャンエピック	155,873	4,100	1,753	329	40.5	2010
Norwegian Getaway ノルウェージャンゲッタウェイ	146,600	4,000	1,753	324	39.7	2014
Norwegian Gem ノルウェージャンジェム	93,530	2,394	1,101	294.1	32.2	2007
Norwegian Jade ノルウェージャンジェイド	93,558	2,402	1,076	294.1	32.2	2008
Norwegian Jewel ノルウェージャンジュエル	93,502	2,376	1,100	294.1	32.2	2005
Norwegian Pearl ノルウェージャンパール	93,530	2,394	1,099	294	32.2	2006
Norwegian Sky ノルウェージャンスカイ	77,104	950	914	260	32.2	2002
Norwegian Star ノルウェージャンスター	91,000	2,240	1,069	294.1	32	2002
Norwegian Sun ノルウェージャンサン	78,309	1,936	916	260	32.2	2001
Pride of America プライドオブアメリカ	80,439	2,138	1,000	280.4	32.1	2005

ノルウェージャンクルーズライン
http://www.ncljpn.jp

Oceania Cruises

ベルリッツクルーズガイドで5つ星、
有名シェフが手がけるグルメも魅力。

オーシャニアクルーズ	t	乗客定員(人)	乗組員数(人)	全長(m)	全幅(m)	就航・改装(年)
Nautica ノーティカ	30,277	684	386	181	25.5	1998
Marina マリーナ	65,000	1,258	800	236.7	32.1	2011
Riviera リビエラ	65,000	1,250	800	236.7	32.1	2012
Regatta レガッタ	30,277	684	386	181	25.5	1998

オーシャニアクルーズ
TEL.03-4530-9884
https://jp.oceaniacruises.com

Paul Gauguin Cruises

タヒチの島々を巡るラグジュアリー客船

ポールゴーギャンクルーズ	t	乗客定員(人)	乗組員数(人)	全長(m)	全幅(m)	就航・改装(年)
Paul Gauguin ポールゴーギャン	19,200	332	217	156.5	21.6	2012

インターナショナル・クルーズ・マーケティング
TEL. 03-5405-9213
http://www.icmjapan.co.jp/pg

Ponant

美食が売りの、
ガストロノミーシップ。

ポナン	t	乗客定員(人)	乗組員数(人)	全長(m)	全幅(m)	就航・改装(年)
L'austral ロストラル	10,700	264	140	142	18	2011
Le Boreal ルボレアル	10,700	264	140	142	18	2010
Le Bougainville ルブーゲンビル	9,900	184	110	131	18	2019
Le Champlain ルシャンプラン	9,900	184	110	131	18	2018
Le Dumont d'Urville ルデュモンデュルヴィル	9,900	184	110	131	18	2019
Le Jacques Cartier ルジャックカルティエ	9,900	184	110	131	18	2021
Le Laperouse ルラペルーズ	9,900	184	110	131	18	2018
Le Lyrial ルリリアル	10,700	260	140	142	18	2015
Le Ponant ルポナン	1,443	64	32	88	12	1991
Le Soleal ルソレアル	10,700	264	140	142	18	2013

ポナン
http://www.ponant.jp

Princess Cruises

個人の好みに合わせた、
パーソナルチョイスクルージング。

プリンセスクルーズ	t	乗客定員(人)	乗組員数(人)	全長(m)	全幅(m)	就航・改装(年)
Island Princess アイランドプリンセス	92,000	1,970	900	290	32	2003
Caribbean Princess カリビアンプリンセス	116,000	3,100	1,100	290	36	2004
Coral Princess コーラルプリンセス	92,000	1,970	900	290	32	2002
Crown Princess クラウンプリンセス	116,000	3,070	1,100	290	36	2006
Dawn Princess ドーンプリンセス	77,000	1,950	900	261	32	1997
Diamond Princess ダイヤモンドプリンセス	116,000	2,670	1,238	290	37.5	2004
Emerald Princess エメラルドプリンセス	113,000	3,070	1,100	290	36	2007
Golden Princess ゴールデンプリンセス	109,000	2,600	1,100	290	36	2001
Grand Princess グランドプリンセス	109,000	2,600	1,100	290	36	1998
Majestic Princess マジェスティックプリンセス	143,700	3,560	1,350	330	38.4	2017
Ocean Princess オーシャンプリンセス	30,200	670	370	178	25	1999
Pacific Princess パシフィックプリンセス	30,200	670	370	178	25	1999
Ruby Princess ルビープリンセス	113,000	3,070	1,100	290	36	2008
Sapphire Princess サファイアプリンセス	116,000	2,670	1,238	290	37.5	2004
Sky Princess スカイプリンセス	144,650	3,660	1,346	330	38.4	2019
Star Princess スタープリンセス	109,000	2,600	1,100	290	36	2002
Regal Princess リーガルプリンセス	141,000	3,600	1,346	330	47	2014
Royal Princess ロイヤルプリンセス	141,000	3,600	1,346	330	47	2013

プリンセスクルーズ ジャパンオフィス
http://www.princesscruises.jp

Regent Seven Seas Cruises

思うままにくつろげる、
洋上の我が家。

リージェントセブンシーズクルーズ	t	乗客定員(人)	乗組員数(人)	全長(m)	全幅(m)	就航・改装(年)
Seven Seas Explorer セブンシーズエクスプローラー	56,000	542	748	224	31	2016
Seven Seas Mariner セブンシーズマリナー	48,075	700	445	216	28.3	2001
Seven Seas Navigator セブンシーズナビゲーター	28,550	490	345	172	24.7	1999
Seven Seas Splendor セブンシーズスプレンダー	50,125	750	542	224	31	2020
Seven Seas Voyager セブンシーズボイジャー	42,363	700	447	204	28.8	2003

リージェントセブンシーズクルーズ
https://jp.rssc.com

t…トン(t)　乗客定員(人)　乗組員数(人)　全長(m)　全幅(m)　就航・改装(年)

Royal Caribbean International

世界最大の客船も有する、バラエティ豊かなラインアップ。

ロイヤルカリビアンインターナショナル	t			↕	↔	
Adventure of the Seas アドベンチャーオブザシーズ	137,276	3,114	1,185	310	48	2001
Anthem of the Seas アンセムオブザシーズ	167,800	4,180	1,500	348	41	2015
Allure of the Seas アリュールオブザシーズ	225,282	5,400	2,384	361	66	2010
Brilliance of the Seas ブリリアンスオブザシーズ	90,090	2,112	848	293	32	2002
Enchantment of the Seas エンチャントメントオブザシーズ	81,000	2,252	873	301	32	1997
Explorer of the Seas エクスプローラーオブザシーズ	137,308	3,114	1,185	310	48	2000
Freedom of the Seas フリーダムオブザシーズ	154,407	3,634	1,360	338	56	2006
Harmony of the seas ハーモニーオブザシーズ	227,000	5,400	2,165	361	63	2016
Independence of the Seas インディペンデンスオブザシーズ	154,407	3,634	1,360	338	56	2006
Jewel of the Seas ジュエルオブザシーズ	90,090	2,112	859	293	32	2004
Liberty of the Seas リバティオブザシーズ	154,407	3,634	1,360	338	56	2007
Mariner of the Seas マリナーオブザシーズ	138,279	3,114	1,185	310	48	2003
Navigator of the Seas ナビゲーターオブザシーズ	138,279	3,114	1,213	310	48	2002
Oasis of the Seas オアシスオブザシーズ	225,282	5,400	2,384	361	66	2009
Ovation of the Seas オベーションオブザシーズ	167,800	4,180	1,500	348	41	2016
Quantum of the Seas クァンタムオブザシーズ	167,800	4,180	1,500	348	41	2014
Radiance of the Seas レディアンスオブザシーズ	90,090	2,139	869	293	32	2001
Rhapsody of the Seas ラプソディオブザシーズ	78,491	1,998	765	279	32	1997
Serenade of the Seas セレナーデオブザシーズ	90,090	2,110	891	294	32	2003
Spectrum of the Seas スペクトラムオブザシーズ	168,666	4,246	1,551	347	41	2019
Symphony of the Seas シンフォニーオブザシーズ	230,000	5,494	2,175	362	65	2018
Vision of the Seas ビジョンオブザシーズ	78,491	2,000	765	279	32	1998
Voyager of the Seas ボイジャーオブザシーズ	137,276	3,114	1,176	310	48	1999

ミキ・ツーリスト
http://www.royalcaribbean.jp

SAGA Cruises

落ち着いた雰囲気の中楽しめる、ブリティッシュスタイルクルーズ。

サガクルーズ	t			↕	↔	
Saga Sapphire サガサファイア	33,701	1,158	406	199	28.6	1982
Spirit of Discovery スピリットオブディスカバリー	58,250	999	517	236	31.21	2019

マーキュリートラベル
TEL. 045-664-4268
http://www.mercury-travel/saga

Seabourn Cruise Line

ヨットタイプのスモールシップで楽しむ、最高峰のクルーズ。

シーボーンクルーズライン	t			↕	↔	
Seabourn Encore シーボーンアンコール	40,350	600	400	210	28	2016
Seabourn Odyssey シーボーンオデッセイ	32,000	450	330	195	25.2	2009
Seabourn Quest シーボーンクエスト	32,000	450	330	195	25.2	2011
Seabourn Sojourn シーボーンソジャーン	32,000	450	330	195	25.2	2010

オーバーシーズトラベル
TEL. 03-3567-2266
http://cruise-ota.com/seabourn
カーニバル・ジャパン
TEL. 03-3573-3610
https://www.seabourn.com

Silversea Cruises

クルーズ界のロールスロイスとも呼ばれる、ラグジュアリーシップ。

シルバーシークルーズ	t			↕	↔	
Silver Cloud シルバークラウド	16,800	296	222	156.7	21.5	1994
Silver Discoverer シルバーディスカバラー	5,218	120	74	103	15.4	2014
Silver Origin シルバーオリジン	5,800	100	—	101	16	2020
Silver Moon シルバームーン	40,700	596	411	212.8	27	2021
Silver Muse シルバーミューズ	40,700	596	411	212.8	27	2017
Silver Shadow シルバーシャドー	28,258	382	302	186	24.9	2000
Silver Spirit シルバースピリット	36,000	540	376	198.5	26.2	2009
Silver Whisper シルバーウィスパー	28,258	382	302	186	24.9	2001
Silver Wind シルバーウインド	17,400	296	222	156.7	21.5	1995

シルバーシークルーズ
https://www.silversea.com

Star Clippers

風と波を感じる帆船で、魅惑の寄港地へ。

スタークリッパーズ	t			↕	↔	
Royal Clipper ロイヤルクリッパー	4,425	227	106	134	16	2000
Star Clipper スタークリッパー	2,298	170	74	115.5	15	1992
Star Flyer スターフライヤー	2,298	170	74	115.5	15	1991

メリディアン・ジャパン
TEL. 0476-48-3070
https://starclippers.jp

Viking Ocean Cruises

名門バイキング社を受け継ぐ大人のためのクルーズライン

バイキングオーシャンクルーズ	t			↕	↔	
Viking Sea バイキングシー	47,800	930	550	230	28.8	2016
Viking Star バイキングスター	47,800	930	550	230	28.8	2015
Viking Sky バイキングスカイ	47,800	930	550	230	28.8	2017
Viking Sun バイキングサン	47,800	930	550	230	28.8	2017

オーシャンドリーム
TEL. 042-773-4037
http://oceandream.co.jp

Windstar Cruises

3隻のラグジュアリーな帆船を有するクルーズライン。

ウインドスタークルーズ	t			↕	↔	
Star Breeze スターブリーズ	9,975	212	140	134	19	1989
Star Legend スターレジェンド	9,975	212	140	134	19	1992
Star Pride スタープライド	9,975	212	140	134	19	1988
Wind Spirit ウインドスピリット	5,350	148	88	134	15.8	1988
Wind Star ウインドスター	5,350	148	88	134	15.8	1986
Wind Surf ウインドサーフ	14,745	312	163	187	20	1990

セブンシーズリレーションズ
TEL. 03-6869-7117
http://windstarcruises.jp

Final Edit

これも日本ならではの、おもてなし。

text and photo by Masatsugu Mogi

にっぽん丸による常滑初寄港クルーズに乗船取材したときの1枚。通常はゲストの下船の前後に速やかに船を後にすることが多いのだが、常滑は通船利用での上陸。だから、今回はゲストと同じ目線で上陸を楽しんでみた。上陸場所のヨットハーバーに近づくと出迎えのにぎわいが感じられる。普段は静かなはずのハーバーに50名を優に超える自治体関係者がそろい、ゲストを迎え入れる。各スタッフによる手書きメッセージが書かれたうちわを片手に、一人ひとりのゲストに声をかける。素朴ながら温かいおもてなしの時間。聞くと、規模の大小はともあれ入港時のウェルカムイベントは日本独自のものらしい。絶賛する外国船クルーが多いのも事実だ。これも日本ならではのクルーズ文化の一つ。

CRUISE Traveller ONLINE
www.cruisetraveller.jp
CRUISE Traveller公式サイトでは
今号の取材模様を公開しています。

CRUISE Traveller

Staff

Publisher
Noriko Tomioka 富岡範子

Editor-in-Chief
Masatsugu Mogi 茂木政次

Associate Editor
Nami Shimazu 島津奈美

Editors
Taku Tanji 丹治たく
Koji Nakamachi 仲町康治
Chieko Chiba 千葉千枝子
Harumi Takaya 高谷治美

Art Director
Kenji Inukai 犬飼健二

Designers
Mayumi Takai 高井真由美（犬飼デザインサイト）
Fukumi Ito 伊藤ふくみ（犬飼デザインサイト）
Hiroyuki Hitomi 人見祐之（PDSTUDIO）

Senior Correspondents
Hisashi Noma 野間恒

Contributing Editor
Yoshihito Hongo 本郷芳人（rui+tonami）

Printing Manager
Kenichiro Imano 今野健一朗

CRUISE Traveller
クルーズトラベラー Winter 2022
クルーズ、
未来の年表。

2021年12月20日初版発行

Published by
発行
クルーズトラベラーカンパニー株式会社
〒104-0061
東京都中央区銀座6-14-8
銀座石井ビル4F
TEL 03-6869-3990

Distribution by
発売
丸善出版株式会社
〒101-0051
東京都千代田区神田神保町2-17
神田神保町ビル6F
電話 03-3512-3256

Printed by
印刷・製本
三共グラフィック株式会社

定期購読に関するお問い合わせ
TEL 0120-924-962
（土日祝を除く平日10〜15時）

ISBN 978-4-908514-26-5 C0026
Printed in Japan

クルーズクラスマガジン
クルーズトラベラーは、
船旅を愛する読者に支えられ
3・6・9・12月にリリースしています。